成交量

典型股票分析全程图解

王江华 ◎ 编著

清华大学出版社
北京

内 容 简 介

在交易过程中，股民仅仅分析 K 线图或者分时图等股价走势图，很难把握股市的走势。为了能够更加精准地分析股市行情，股民朋友还需结合成交量来进行分析。

通过学习这些经典的量价关系，可以使股民正确地识别目前股价所处的位置，以及庄家是否开始出货或某只股票是否有庄家介入等核心问题。本书全面介绍了常见的量价关系，不仅介绍了成交量的一些概念、成交量的常见分类方法、成交量与股价的几种关系，还详细介绍了成交量的几种图形形态、分时图的量价关系、不同行情的量价关系、常见的成交量技术指标及 8 种量价关系等。

本书封面贴有清华大学出版社防伪标签，无标签者不得销售。

版权所有，侵权必究。举报：010-62782989，beiqinquan@tup.tsinghua.edu.cn。

图书在版编目(CIP)数据

成交量：典型股票分析全程图解/王江华编著. -- 北京：清华大学出版社，2016（2025.7 重印）
　ISBN 978-7-302-43725-3

Ⅰ.①成… Ⅱ.①王… Ⅲ.①股票交易—图解 Ⅳ.①F830.91-64

中国版本图书馆 CIP 数据核字(2016)第 089210 号

责任编辑：张立红
封面设计：邱晓俐
版式设计：方加青
责任校对：李跃娜
责任印制：刘　菲

出版发行：清华大学出版社
　　　网　　址：https://www.tup.com.cn，https://www.wqxuetang.com
　　　地　　址：北京清华大学学研大厦 A 座　　邮　编：100084
　　　社 总 机：010-83470000　　　　　　　　邮　购：010-62786544
　　　投稿与读者服务：010-62776969，c-service@tup.tsinghua.edu.cn
　　　质 量 反 馈：010-62772015，zhiliang@tup.tsinghua.edu.cn

印 装 者：大厂回族自治县彩虹印刷有限公司
经　　销：全国新华书店
开　　本：170mm×240mm　　印　张：17.75　　字　数：308 千字
版　　次：2016 年 7 月第 1 版　　印　次：2025 年 7 月第 18 次印刷
定　　价：42.00 元

产品编号：069204-01

前 言

在股市中，成交量是造成股价变动的背后推力，因此股民如果能够做到成交量与股价共同分析，要比单一分析股价更准确、更可靠。

本书在第1章介绍了有关成交量的具体知识，不仅包括成交量的一些概念，还包括与成交量相关的一些盘口指标，以及常见的成交量的几种分类方法。而这些正是股民了解成交量的基础知识，也是成交量发出买入信号和卖出信号的最根本原理。

第2章介绍了成交量比股价还要重要的深层原因，以及成交量与股价的几种关系。尤其是，本章还介绍了投资者常见的量价认识误区。如果走不出这些误区，投资者将会一直亏损。

第3章介绍了成交量的几种图形形态，这些形态又分别预示着不同的含义，投资者据此完全可以判断股价的上涨与下跌。

第4章介绍了分时图中的量价关系，而且分时图中的成交量在股市分析中占有举足轻重的地位。在分时图中可以看到，不同阶段的成交量出现的意义是不同的，需要投资者加以区别对待。

第5~8章分别列举了不同行情的量价关系，包括市场在筑底时的量价关系、上涨初期的量价关系、上涨途中的量价关系及股价即将到达顶部的量价关系。如果投资者能够识别这些不同时期的量价关系，则有助于判断股价目前所处的位置。

在市场中有很多交易者愿意使用技术指标，而成交量指标就是全部技术指标中的一大类。第9章列举了多种常见的成交量技术指标并来加以分析，同时以具体的实例来解说如何运用这些指标。

第10章介绍了如何通过成交量来分析主力行为。主力在股市中可以大幅度提升股价，也可以大幅度压低股价，因此散户必须要正确地识别主力的意图，及时发现主力的目的，而成交量就是识破主力意图的分析方法之一。即使主力的每个操作环节都十分隐秘，在成交量方面也会留下破绽。

在最后一章归纳了8种量价关系，投资者如果能够熟练地掌握这8种关系，就可以及时地判断出股价的上涨和下跌行情、及时分辨出股价是否已经到达市场的顶部、庄家是否开始出货等常见的问题。

本书由王江华组织编写，同时参与编写的还有刘晓岩、温婧洋、林珑、梁静、王滨、梁忆、安龙、张艳坤、姜迪、余胜威、林艳红、邬迪、戴思齐、张萧月、何小兰、吕梦琪、于晓阳、孔韬循、卫曼娜、冷基岩、张金霞，在此一并表示感谢！

编著者

目 录

第1章 炒股必知的成交量知识

1.1 成交量概述 2
    1.1.1 什么是成交量 2
    1.1.2 K线图中的成交量 2
    1.1.3 分时图中的成交量 5
    1.1.4 买盘和卖盘 5
1.2 与成交量有关的盘口指标 7
    1.2.1 现手 7
    1.2.2 总手 8
    1.2.3 换手率 8
    1.2.4 五档买卖 10
    1.2.5 量比 10
    1.2.6 委比 13
1.3 成交量的分类 13
    1.3.1 温和放量 13
    1.3.2 巨量 15
    1.3.3 地量 17

第2章 成交量比股价更重要

2.1 成交量的意义 22

2.1.1 反映市场供求 22
 2.1.2 表现股价趋势 23
 2.1.3 破解主力意图 24
2.2 成交量与股价 26
 2.2.1 量增价平 26
 2.2.2 量增价涨 28
 2.2.3 量缩价涨 30
 2.2.4 量增价跌 32
 2.2.5 巨量天价 33
 2.2.6 量缩价跌 35
2.3 常见量价误区 37
 2.3.1 股价上涨时，成交量增大 37
 2.3.2 暴跌量缩将止跌 38

第3章 成交量图形

3.1 矩形成交量 42
 3.1.1 形态介绍 42
 3.1.2 原理分析 42
 3.1.3 实例解析 43
3.2 圆弧底成交量 45
 3.2.1 形态介绍 45
 3.2.2 原理分析 45
 3.2.3 实例解析 46
3.3 圆弧顶成交量 48
 3.3.1 形态介绍 49
 3.3.2 原理分析 49
 3.3.3 实例解析 49
3.4 等腰三角形成交量 51
 3.4.1 形态介绍 51
 3.4.2 原理分析 51

	3.4.3 实例解析	52
3.5	上升三角形成交量	53
	3.5.1 形态介绍	53
	3.5.2 原理分析	54
	3.5.3 实例解析	54
3.6	下降三角形成交量	55
	3.6.1 形态介绍	55
	3.6.2 原理分析	56
	3.6.3 实例解析	56
3.7	头肩底成交量	58
	3.7.1 形态介绍	58
	3.7.2 原理分析	58
	3.7.3 实例解析	59
3.8	头肩顶成交量	60
	3.8.1 形态介绍	60
	3.8.2 原理分析	61
	3.8.3 实例解析	61

第4章 分时图中的量价分析

4.1	早盘地量涨停	64
	4.1.1 原理分析	64
	4.1.2 市场含义	64
	4.1.3 实例解析	65
	4.1.4 操作策略	67
4.2	尾盘放量涨停	68
	4.2.1 原理分析	68
	4.2.2 市场含义	69
	4.2.3 实例解析	69
	4.2.4 操作策略	72

4.3 阶梯式放量 73
4.3.1 原理分析 73
4.3.2 市场含义 73
4.3.3 实例解析 74
4.3.4 操作策略 75

4.4 早盘放量冲高回落 76
4.4.1 原理分析 76
4.4.2 市场含义 76
4.4.3 实例解析 77
4.4.4 操作策略 78

第5章 市场筑底的量价分析

5.1 无量止跌 82
5.1.1 原理分析 82
5.1.2 市场含义 83
5.1.3 实例解析 84
5.1.4 操作策略 85

5.2 温和放量 86
5.2.1 原理分析 86
5.2.2 市场含义 87
5.2.3 实例解析 88
5.2.4 操作策略 90

5.3 巨量 91
5.3.1 原理分析 91
5.3.2 市场含义 91
5.3.3 实例解析 93
5.3.4 操作策略 94

5.4 成交量下挫后的放量 94
5.4.1 原理分析 95
5.4.2 市场含义 95

   5.4.3 实例解析 96
   5.4.4 操作策略 98
 5.5 放量无规律 98
   5.5.1 原理分析 99
   5.5.2 市场含义 99
   5.5.3 实例解析 100
   5.5.4 操作策略 101
 5.6 大阳线加巨量 103
   5.6.1 原理分析 103
   5.6.2 市场含义 103
   5.6.3 实例解析 104
   5.6.4 操作策略 105
 5.7 间断性放量 106
   5.7.1 原理分析 107
   5.7.2 市场含义 107
   5.7.3 实例解析 107
   5.7.4 操作策略 109
 5.8 缩量上涨 111
   5.8.1 原理分析 111
   5.8.2 市场含义 111
   5.8.3 实例解析 112
   5.8.4 操作策略 113
 5.9 开盘缩量涨停 115
   5.9.1 原理分析 115
   5.9.2 市场含义 115
   5.9.3 实例解析 115
   5.9.4 操作策略 117
 5.10 放量价格不涨 117
   5.10.1 原理分析 117
   5.10.2 市场含义 118
   5.10.3 实例解析 119

- 5.10.4 操作策略 ... 120
- 5.11 放量破位下行 ... 121
  - 5.11.1 原理分析 ... 121
  - 5.11.2 市场含义 ... 122
  - 5.11.3 实例解析 ... 122
  - 5.11.4 操作策略 ... 123

第6章 上涨行情初期的量价关系

- 6.1 逐步放量拉升 ... 126
  - 6.1.1 原理分析 ... 126
  - 6.1.2 市场含义 ... 127
  - 6.1.3 实例解析 ... 127
  - 6.1.4 操作策略 ... 128
- 6.2 巨量拉升 ... 129
  - 6.2.1 原理分析 ... 129
  - 6.2.2 市场含义 ... 130
  - 6.2.3 实例解析 ... 131
  - 6.2.4 操作策略 ... 132
- 6.3 涨停量在缩 ... 133
  - 6.3.1 原理分析 ... 133
  - 6.3.2 市场含义 ... 134
  - 6.3.3 实例解析 ... 134
  - 6.3.4 操作策略 ... 135
- 6.4 放量冲高回落 ... 136
  - 6.4.1 原理分析 ... 136
  - 6.4.2 市场含义 ... 136
  - 6.4.3 实例解析 ... 137
  - 6.4.4 操作策略 ... 139

第7章　上涨中的量价关系

7.1 放量快速拉高 142
7.1.1 原理分析 142
7.1.2 市场含义 143
7.1.3 实例解析 143
7.1.4 操作策略 145

7.2 缩量快速拉高 145
7.2.1 原理分析 146
7.2.2 市场含义 146
7.2.3 实例解析 146
7.2.4 操作策略 147

7.3 放量高开大阴线 149
7.3.1 原理分析 149
7.3.2 市场含义 150
7.3.3 实例解析 150
7.3.4 操作策略 152

7.4 缩量横盘 152
7.4.1 原理分析 153
7.4.2 市场含义 153
7.4.3 实例解析 154
7.4.4 操作策略 155

7.5 放量十字线 156
7.5.1 原理分析 156
7.5.2 市场含义 157
7.5.3 实例解析 158
7.5.4 操作策略 160

7.6 放量冲高回落 160
7.6.1 原理分析 161
7.6.2 市场含义 162
7.6.3 实例解析 162

         7.6.4 操作策略 164
7.7 放量下探回升 165
         7.7.1 原理分析 165
         7.7.2 市场含义 166
         7.7.3 实例解析 166
         7.7.4 操作策略 168
7.8 缩量三阴线 168
         7.8.1 原理分析 168
         7.8.2 市场含义 169
         7.8.3 实例解析 170
         7.8.4 操作策略 171
7.9 放量低开低走 172
         7.9.1 原理分析 172
         7.9.2 市场含义 174
         7.9.3 实例解析 174
         7.9.4 操作策略 175
7.10 缩量十字线 176
         7.10.1 原理分析 176
         7.10.2 市场含义 177
         7.10.3 实例解析 177
         7.10.4 操作策略 179

第8章 股价将要见顶的量价关系

8.1 巨量长阴线 182
         8.1.1 原理分析 182
         8.1.2 市场含义 183
         8.1.3 实例解析 184
         8.1.4 操作策略 185
8.2 放量股价徘徊不前 186
         8.2.1 原理分析 186

8.2.2　市场含义 187
　　8.2.3　实例解析 188
　　8.2.4　操作策略 189
8.3　放量上影线 189
　　8.3.1　原理分析 189
　　8.3.2　市场含义 191
　　8.3.3　实例解析 191
　　8.3.4　操作策略 192
8.4　放量十字线 193
　　8.4.1　原理分析 193
　　8.4.2　市场含义 194
　　8.4.3　实例解析 195
　　8.4.4　操作策略 196
8.5　放量上吊线 196
　　8.5.1　原理分析 197
　　8.5.2　市场含义 197
　　8.5.3　实例解析 198
　　8.5.4　操作策略 200
8.6　放量创新高 200
　　8.6.1　原理分析 200
　　8.6.2　市场含义 201
　　8.6.3　实例解析 202
　　8.6.4　操作策略 203
8.7　放量连阴线 203
　　8.7.1　原理分析 203
　　8.7.2　市场含义 204
　　8.7.3　实例解析 205
　　8.7.4　操作策略 206
8.8　二次放量 207
　　8.8.1　原理分析 207
　　8.8.2　市场含义 208

8.8.3 实例解析 208
8.8.4 操作策略 210

第9章 成交量指标

9.1 累积能量线（OBV） 212
    9.1.1 基本原理 212
    9.1.2 计算公式 213
    9.1.3 OBV实战 213

9.2 相对强弱指标（RSI） 216
    9.2.1 指标原理 216
    9.2.2 计算公式 216
    9.2.3 RSI实战 217

9.3 量能反趋向指标（VRSI） 220
    9.3.1 指标概述 220
    9.3.2 VRSI实战 221

9.4 变动速率指标（ROC） 223
    9.4.1 指标原理 223
    9.4.2 计算方法 224
    9.4.3 ROC实战 224

9.5 成交量变异率指标（VR） 227
    9.5.1 指标概述 227
    9.5.2 VR实战 228

9.6 正量指标（PVI） 231
    9.6.1 计算公式 231
    9.6.2 PVI实战 231

9.7 负量指标（NVI） 233
    9.7.1 计算方法 233
    9.7.2 NVI实战 233

9.8 心理线指标（PSY） 235
    9.8.1 计算公式 235

9.8.2　PSY实战 235
9.9　震动升降指标（ASI）... 239
　　9.9.1　计算公式 239
　　9.9.2　ASI实战 240

第10章　通过成交量分析主力行为

10.1　由成交量看主力的破绽 244
10.2　由成交量看主力是否建仓 246
　　10.2.1　股价小幅上升，成交量稳步增长 246
　　10.2.2　下跌末期建仓 248
　　10.2.3　股价不变，成交量增大 249
10.3　由成交量看主力是否洗盘 251
10.4　由成交量看主力是否拉升 252
10.5　由成交量看主力是否出货 254

第11章　量价8法玩实战

11.1　上涨量增　多头继续 258
11.2　上涨趋势量价背离　反转信号 259
11.3　价涨量缩　反转信号 260
11.4　量价同时缓慢增长后又突然放大 262
11.5　量价同时缓慢增长后量剧增而价格停止上涨 263
11.6　二次探底　成交量萎缩 264
11.7　暴跌后的成交量放大 266
11.8　下穿均线　成交量放量 267

第1章　炒股必知的成交量知识

在股市中,成交量对股价的上涨和下跌起着十分重要的作用,它也是投资者判断股价走势的一个技术指标。因此股民在进入股市之前,需要掌握成交量的知识。

1.1 成交量概述

成交量就是在股市中买卖双方交易的数量。而买卖双方的交易又促成了股价的上涨与下跌，因此在某种程度上来说，成交量比股价更重要。

1.1.1 什么是成交量

顾名思义，成交量是成交的数额。在股市中，如果买卖双方想完成一笔交易，必须要同时有买方和卖方，这跟生活中的买卖交易是一个道理。如果仅仅有买方或者卖方，是不可能完成交易的。

在股市中也是一样。如果投资者看好市场，买入某只股票；与此同时必须有一部分交易者看空市场，愿意在此时卖出股票，买卖双方才能完成股票的交易。如果仅仅有投资者愿意买入股票，而没有人要卖出股票，则交易是无法完成的。

一只股票在一定周期内成交的数量，就称之为成交量。而这个单位时间可以是一周、一个月、一年。目前，计算成交量的方法是采用单边方式。也就是说，如果由买方买入3000股股票，卖出方也必然要卖出3000股同样的股票才能成交，成交量计算出来的数值为3000，而不是买卖双方的总和6000。

1.1.2 K线图中的成交量

在股票分析软件中，K线图下方的柱状线便是成交量。而且柱状线代表的成交量与K线的周期是一致的。

图1.1所示为生意宝周K线图。图中上半部分是K线图，在每只K线的下方都对应有一个柱状线，这个柱状线便是成交量。因为K线图的时间周期是周，也就是说每根K线代表的是一个交易周的股价，所以与之对应的成交量就代表着该交易周内的成交量。

图1.2所示为开元投资60分钟K线图。该图中的时间周期为60分钟，因此每一根柱状线代表的成交量就是60分钟内的成交量。

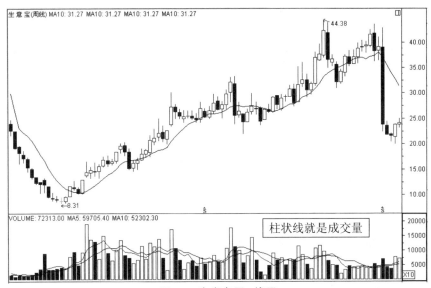

图1.1 生意宝周K线图

图1.2 开元投资60分钟K线图

图1.3所示为实达集团日K线图，该成交量反映的是一个交易日内的成交量。不同时间周期的成交量，对不同类型的投资者有着不同的作用。例如短线交易者常常分析每日内股价的变化，因此一般多关注日线图中的成交量与60分钟K线图中的成交量。中长线交易者一般会侧重分析日线图中的成交量与周线图中的成交量，而对60分钟等较小时间段的成交量并不关注。

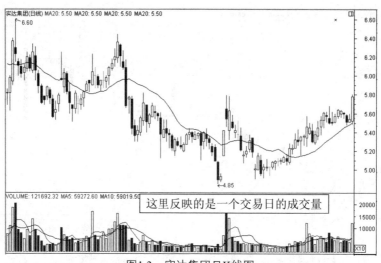

图1.3 实达集团日K线图

在K线图中，成交量柱的颜色与股价的上涨下跌有着一定的关系。如果股价处于上涨趋势，则成交量柱表示为红色；如果股价处于下跌趋势，则成交量柱为绿色。在本书中，为了配合黑白印刷，则阳K线表示为空心实体，而阴K线表示为黑色实体；成交量与之相对应，股价在上涨时成交量柱是白色空心的，而股价处于下跌之势时成交量是黑色实心的。

图1.4所示为山煤国际周K线图。从图中可以看到，股价在上涨和下跌的过程中，成交量柱的颜色也是不同的。而且成交量柱颜色的变化与K线的颜色是一致的，股价在上涨中的成交量柱颜色与阳K线颜色一致，股价在下跌中的成交量柱颜色与阴K线的颜色也一致。

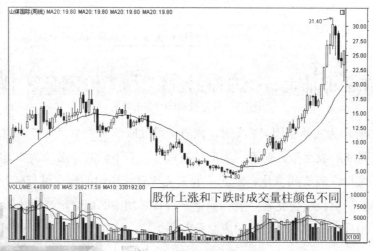

图1.4 山煤国际周K线图

1.1.3　分时图中的成交量

除了K线图以外，分时图也是股市中常用的一种分析工具。因此，在分时图中也用成交量表示，但成交量在分时图中并不是以条形出现的，而是以竖线的形式出现的。

图1.5所示为开元投资分时图。图中上半部分的曲线便是股价的分时图，而下方的柱线便是成交量。

图1.5　开元投资分时图

1.1.4　买盘和卖盘

在股市中，有买盘和卖盘两个术语。这两个术语对股民及时分析股价变化及主力动向是很有帮助的。买盘又称为外盘，是指买入的价格高于股票的市场价格，并且能够成交。比如，在买①价和卖①价都有没有成交的挂单，此时如果有一笔新的买入订单进来，而且正好是卖①价的价格，便直接可以成交。

图1.6所示为开元投资60分钟K线图。从图中可以看到，买①价格是5.15元，这说明当时市场中最高的买入价格为5.15元；而买盘显示的数额为20816，这说明当时的买盘总量为20816手，也就是说，以买①价向上成交的外盘数量为20816手。

图1.6 开元投资60分钟K线图

卖盘又称为内盘,是指卖出的价格低于股票的当前市场价格,并且已经成交。例如,如果在买①价和卖①价都有没有成交的订单,此时如果有一个新的卖单出现,而且正好是买①价的价格,便直接可以和买①的挂单成交。

图1.7所示为生意宝日K线图。从图中可以看到,卖①价显示的是16.52元,这说明当时卖出股票的最低价为16.52元。同时,内盘显示的数据为31643,这说明内盘总数在当前为31643,也就是说,以卖①价向下成交的数量为31643手。

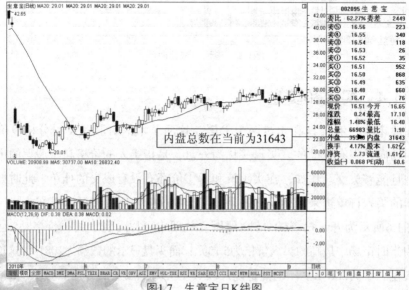

图1.7 生意宝日K线图

如果股票处于涨停板时，则只有买①而没有卖①的标志，如果股票处于跌停板中，则只有卖①而没有买①。在软件中，买盘和卖盘分别用英文字母B和S表示，分别代表buy和sell。

图1.8所示为开元投资60分钟K线图。在图中的右下角，显示了成交量明细。成交明细当中显示了交易的时间、交易的股票价格，以及交易数量和买卖方向。图中的"14：55"表示的是时间，而"5.15"是股票的价格，"400"是股票的数量，"B"代表买入，因此合在一起表示：在14点55分以5.15元的价格买入400手股票。

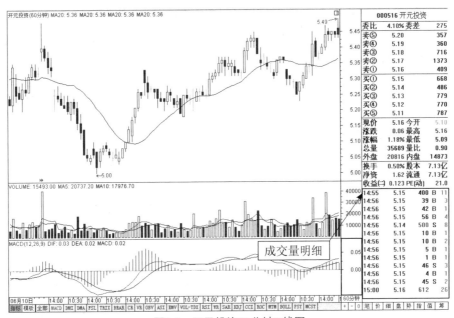

图1.8 开元投资60分钟K线图

1.2 与成交量有关的盘口指标

在盘口指标中，除了前面介绍过的买盘和卖盘外，还有一些其他的常用指标，而且这些指标几乎都与成交量有关。

1.2.1 现手

现手就是股票在某一时间内的成交量。尽管股票单位名为股，但是交易量最小是一手，而一手等于100股。

例如，投资者甲下单10元买入1000股，而投资者乙下单11元卖出2000股，则二者无法达成交易，因为买入价和卖出价并不统一。如果此时的投资者丙下单11元买入100股，则可以和投资者乙达成交易，此时投资者乙手中的2000股股票就有100股卖给了投资者丙，他依然有1900股没有卖出。这个时候的成交价是11元，现手就是一手，因为100股等于一手。

1.2.2 总手

总手就是股票在某一天成交数量的总和。图1.9所示为开元投资分时图，图中的成交量现手为18796，说明总手为18796。也就是到此时为止，一共成交了18796手，计1879600股。

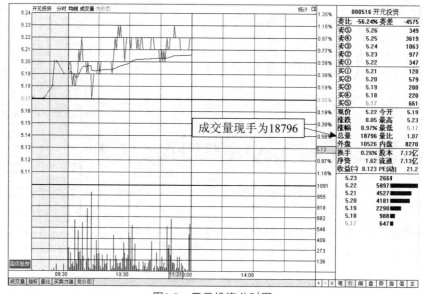

图1.9 开元投资分时图

1.2.3 换手率

换手率就是日成交量除以流通股的总量得到的数值。例如，某只股票在一个月内成交了4000万股，而该股票的总股本为40000万股，该股票在这个月的换手率就为10%。

一般来说，绝大部分的股票日换手率都在1%~25%之间，不包括刚刚上市的股票。而且70%的股票换手率均在3%以下。股票换手率在3%~7%之间时说明股票已经走出了窄幅震荡行情，进入到了相对比较活跃的宽幅震荡走势中。

图1.10所示为生意宝日K线图。该股的换手率为4.17%，属于相对比较活跃的股票。

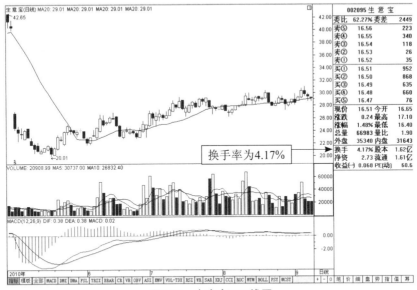

图1.10 生意宝日K线图

如果换手率在7%~10%，则说明股票已经相当活跃。图1.11所示为实达集团日K线图。该股的换手率在7%~8%之间，从图中也可以看到，该股的活动范围比较大，是比较活跃的股票。

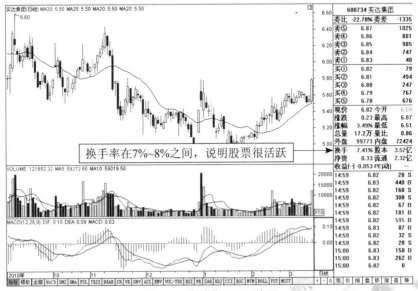

图1.11 实达集团日K线图

第1章 炒股必知的成交量知识 9

如果换手率在10%~15%，则说明股票已经有了较大的活动空间，股民应该密切注意该股票。如果换手率超过15%，则说明该股票是传说中的黑马。因为高换手率表明买卖双方交易频繁，成交量也会快速增加，说明该股票的流通性较好，一般股票涨幅会较大。

1.2.4　五档买卖

五档买卖，就是投资者委托的买入价和卖出价。这些交易还没有成功，而是正在等待交易的买单和卖单。图1.12所示为开元投资60分钟K线图，图中右侧从卖①到卖⑤，就是委托的五档卖单；同样从买①到买⑤，就是委托的五档买单。

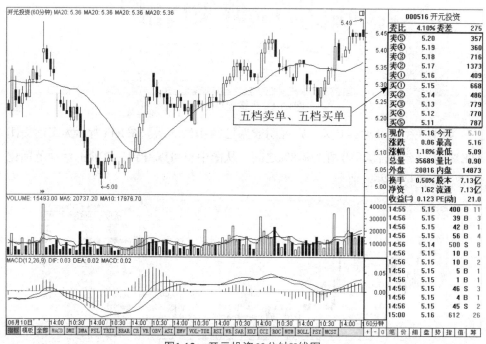

图1.12　开元投资60分钟K线图

1.2.5　量比

顾名思义，量比是一个比值，它的计算方法是：将当日每分钟平均的成交量除以过去5日的每分钟平均成交量，再乘以当日的交易时间。

一般来说，量比的取值范围在0.8~1.5之间。图1.13所示为开元投资60分钟K线图，该股票的量比为0.9。

图1.13 开元投资60分钟K线图

当成交量温和放量时,量比一般在1.5~2.5之间。图1.14所示为生意宝日K线图,该股的量比为1.9,从图中也可以看到成交量稳步增大。

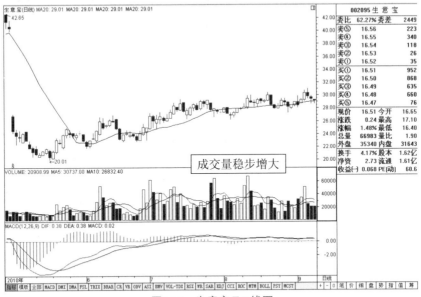

图1.14 生意宝日K线图

如果量比在2.25~5之间,则说明股票的成交量明显增大。图1.15所示为上海机场日K线图,该股的量比在2.5以上。从图中也可以看到,在股价上扬时,成交量明显增大。

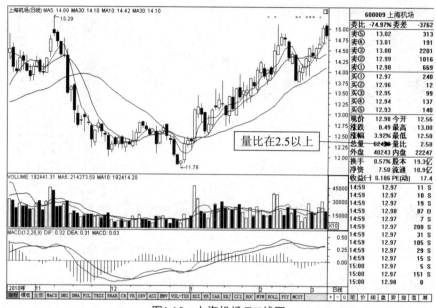

图1.15　上海机场日K线图

当量比在5~10之间时，说明成交量剧烈增大。如果量比数值在10以上，则说明股价很有可能已经见顶。此时的成交量剧烈增大，股民一般不要再买入股票。

图1.16所示为第一医药分时图。该图中的量比为8.76，在5~10之间，因此表示成交量剧烈增大。

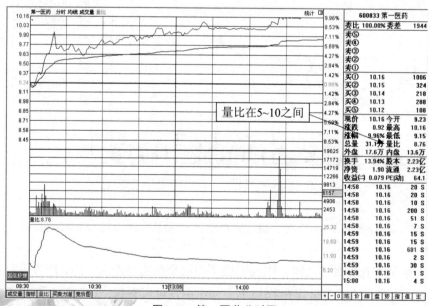

图1.16　第一医药分时图

1.2.6 委比

委比=(委买手数−委卖手数)/(委买手数+委卖手数)×100%

该指标是衡量一段时间内买盘与卖盘相对强度的指标。其取值范围在−100%~+100%之间。图1.17所示为第一医药分时图。该股的委比为100%，达到了取值变化中的最上限。

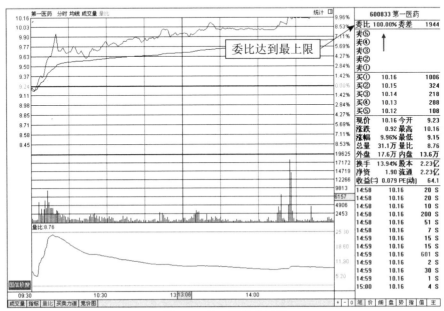

图1.17 第一医药分时图

1.3 成交量的分类

尽管成交量同股价一样可以千变万化，但它还是有一些规律可循，下面将介绍3种常见的成交量形态。

1.3.1 温和放量

温和放量是指成交量柱状线像小山一样逐步堆积起来，而不是突然增大而后突然地减小。图1.18所示为温和放量示意图。该形态一般出现在市场的底部或者行情向下调整的末期，该形态的出现意味着买盘稳步推进，股价可以向上缓慢推高。

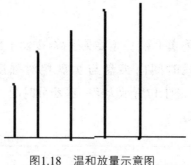

图1.18 温和放量示意图

图1.19所示为双良节能日K线图。从图中可以看到，在股价达到3.87元的最低价时，成交量从最小开始缓慢上行，出现了一个温和放量形态。这说明在这一价位附近，多头开始积极地进入市场，而且数量稳步增加，因此后市还有可能会继续上行。

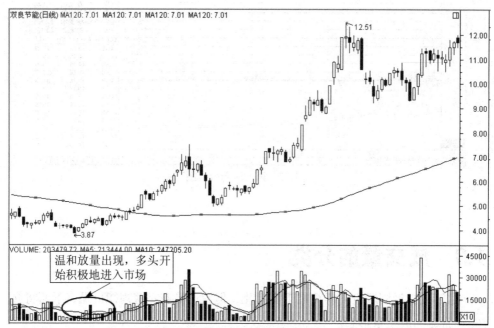

图1.19 双良节能日K线图

图1.20所示为大治特钢周K线图。从该走势图中可以看到，温和放量出现在了股价上涨过程中的回调行情中。根据该形态的出现，投资者可以在回调时买入股票，此时温和放量就表明多头依然在蓄积能量向上推高股价，后市依然会继续上涨。

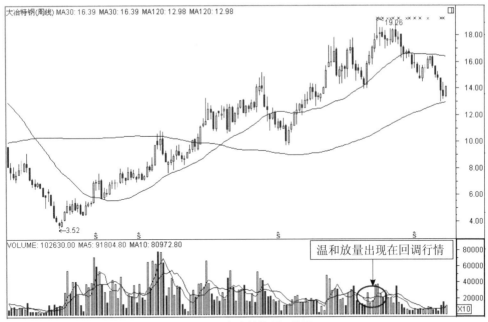

图1.20 大治特钢周K线图

1.3.2 巨量

巨量就是指成交量突然增大。在柱状图上可以看到，成交量之前基本持平、比较矮小，突然一个大柱线向上竖起，如同一栋楼房一样。这说明在某一交易时段股票的成交量突然放大，有突然放大的买盘和卖盘出现。图1.21所示为巨量示意图。

图1.21 巨量示意图

巨量的出现代表股价可能上涨也可能下跌，因为它一般是有重大消息出现后而出现的。图1.22所示为上海机场日K线图。股价从底部开始上扬，不久成交量便出现了一个巨量形态。这说明在此时有突然增多的多头进入市场，因此后市股价会继续上扬。此时的巨量因为出现的价位较低，一般标志着股价将大幅上扬。

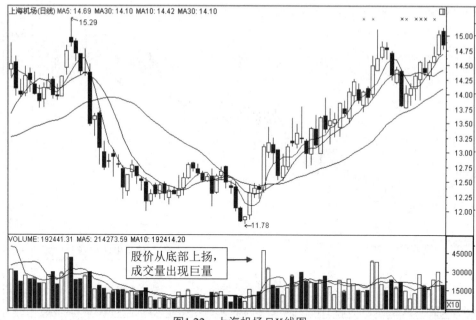

图1.22 上海机场日K线图

图1.23所示为双良节能周K线图，该股在市场顶部，成交量出现了巨量形态。这说明在市场的顶部有大量的卖盘出现，因此股价很有可能会止住上涨的脚步，是股民卖出股票获利了结的一个绝佳时机。

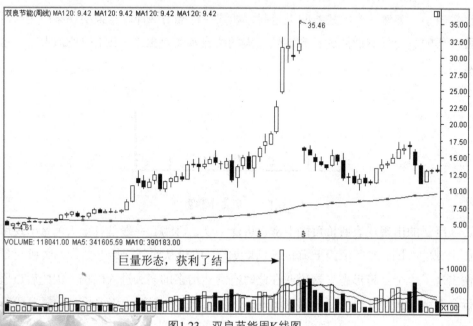

图1.23 双良节能周K线图

图1.24所示为山煤国际日K线图。股价在盘整时期，成交量基本上处于比较低迷的状态，但股价从盘整状态快速上扬时，成交量突然给出了巨量形态，这说明多头大量的买单将股价从盘整趋于向上快速拉升。

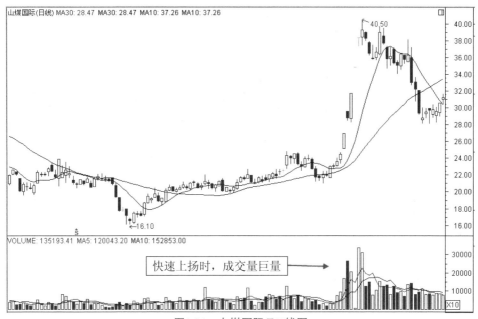

图1.24 山煤国际日K线图

1.3.3 地量

地量是指成交量非常低迷，说明市场很冷清，交易并不活跃。此形态一般出现在下跌行情当中。因为股价一直在下跌，大量的交易者已经卖出股票，没有出场的交易者也不愿意再割肉出场，而没有买入的交易者看到股价的下跌也不会轻易入场。因此买卖双方都没有交易的意愿，市场非常冷清，成交量极小。图1.25所示为地量示意图。

图1.25 地量示意图

图1.26所示为荣安地产60分钟K线图。股价在下跌过程中出现了一段明显的盘整行情，在盘整期间股价上下波动的范围非常小，而成交量也一直出现低迷状态，这说明在此时还没有大量的多头进入市场，因此后市一般还将延续原有的下跌趋势。

图1.26 荣安地产60分钟K线图

图1.27所示为双良节能周K线图。股价在市场的底部盘桓良久，而成交量基本上处于地量状态。当股价小幅上扬时，成交量开始缓慢增大。此时的地量是市场底部的标志，是多头在市场底部积攒能量准备向上拉升的标志。

图1.27 双良节能周K线图

图1.28所示为格力地产日K线图。从图中可以看到，股价在下跌的整个过程中，成交量都十分低迷，也就是说始终保持了地量形态。这就说明在整个股价下跌的行情中，都没有多头大量涌入的行情出现，因此也就标志着下跌行情将持续较长的时间。

图1.28　格力地产日K线图

第2章　成交量比股价更重要

在股市中，因为买卖双方的力量悬殊造成了股价的上下波动，没有多空双方的交易也就不会存在股价的波动。成交量的多少可以很好地体现买入和卖出的数量，从而进一步体现多空双方的优劣势，也可以提前预测未来的走势，因此，成交量是推动股价上涨与下跌的原动力。

2.1 成交量的意义

成交量是股价上下波动的背后推力,是股价变化的前兆。因此分析成交量与分析股价一样,都是十分重要的。在实战过程中,仅仅分析股价是远远不够的,它会让交易者做出许多错误的决定,而股价与成交量结合分析则可以降低错误率。

2.1.1 反映市场供求

成交量不仅是一个简单的数据,更重要的是可以体现出市场的供求关系。股价在某一价格范围内波动时,股票的成交量可以反映出买卖双方在这个价格区间内对股价的认可程度。

例如,当股票价格较低,有更多的投资者愿意在此时买入股票,成交量自然会放大。反之,如果股价过高,大多投资者都惧怕高价位而不敢买入,市场比较冷清,交易量减小,成交量也势必萎缩。

图2.1所示为深高速日K线图。股价从高位一路下跌,直至4.67元达到新低后开始向上反弹。在整个下跌的行情中,成交量整体低迷,投资者都是看空市场的,认为未来股价的走势还将是继续下跌趋势,因此不会过早地进入市场,成交量自然出现低迷的情形。

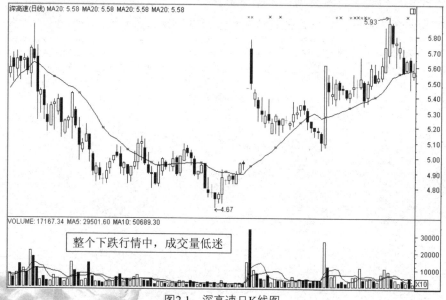

图2.1　深高速日K线图

图2.2所示为雅戈尔月K线图。股价在一路上扬的过程中，投资者纷纷跟进买入，因此成交量持续增长。当市场达到顶部后，股价开始随即下滑，投资者看空市场，此时股价继续下落，不会有太多的投资者进场，成交量开始萎缩。

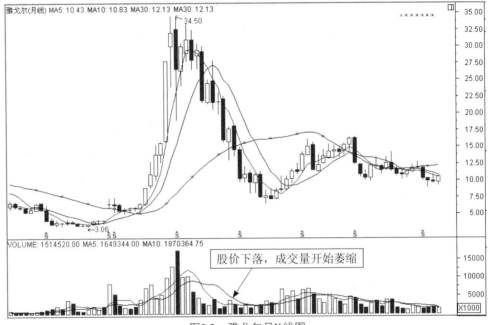

图2.2 雅戈尔月K线图

当股价上涨时，如果成交量没有增大，则表明没有大量的多头作为买方出现，因此，此时的上涨是有风险的，上升的动力有可能不足。投资者在此时买入应该十分小心，尽量不参与此时的追涨活动。

当股价在下跌时，往往有一些投资者抱有侥幸心理，认为股票价格很低，可以买入股票，市场会有向上的反弹。但是此时投资者应该注意成交量的变化，如果股价在下跌过程中，成交量没有明显的增大迹象，则说明此时还没有大量的多头进入市场。

因此，即使股价有向上的反弹也不一定能够阻挡股价的下跌趋势。只有成交量增大时，才说明有更多的投资者进入市场，此时市场可能已经从供过于求变成了供不应求的局面，而股价也会再次发生反弹。

2.1.2 表现股价趋势

多空双方的交易决定着个股的上涨与下跌，因此根据量价分析的一般原理，趋势在向上时需要很大的成交量的配合，这种放大的成交量是多头在市场做多的信号，而且只有更多的多头愿意进入市场，这种上涨的趋势才更可靠，运行的时间才会更加长久。

如果股价与成交量出现了背离，也就是说成交量与股价的运行方式不一致时，现有的股价运行趋势将进行转向。例如，当股价连创新高，但成交量却不见放大甚至比之前有所减少时，则说明股价上涨的背后推动者已经开始撤退，做多的力量已经严重不足，股价很有可能见顶，原有的上涨趋势即将终结。

图2.3所示为中兴通讯日K线图。从图中可以看到，股价在达到79元左右时创出了新高，此时的成交量却比前期高点有萎缩，说明成交量并不支持此时股价的高位，因此这个量价背离就说明了原有的上涨趋势即将完结。从后市的走势中可以看到，股价在此后开始了下跌之旅。

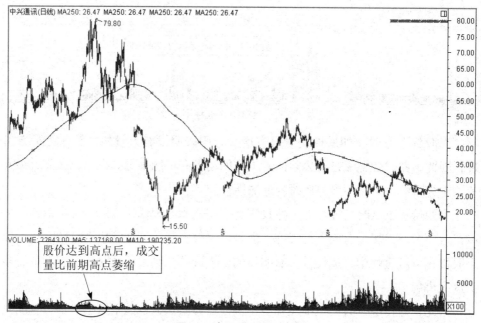

图2.3　中兴通讯日K线图

2.1.3　破解主力意图

在股市中进行投资时，主力具有雄厚的资金和专业的分析人才，可以说在市场上能够呼风唤雨，影响个股的走势。而散户与主力相比，无论在专业上或技术与资金上都没有优势可言。但是，散户可以通过成交量来提前探测主力的意图，从而及时洞察主力下一步将要采取的策略，进而提前选择进场或者出场。

图2.4所示为莱茵生物日K线图。股价在市场底部盘整了多个交易日，而且每天的价格波动很小，K线实体较小，成交量也非常低迷。但是从整体走势上来看，股价是向上小幅移动的，这说明主力在有意地吸纳筹码，为后来的进一步拉升做准备。

因为主力在吸纳筹码时，不想让更多的散户发现自己的意图，因此故意制造了成交量非常低迷的假象。而当成交量从低迷状态突然增大时，就是庄家吸纳筹码完毕，开始向上大幅拉升的起始位置，也是投资者跟着主力进行操作的入场位置。

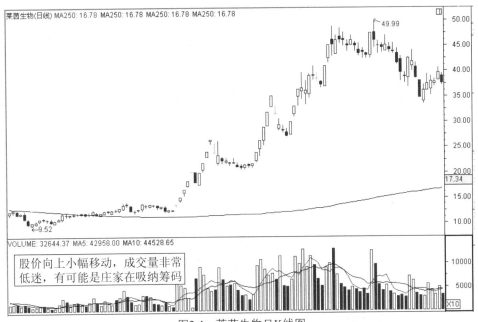

图2.4　莱茵生物日K线图

图2.5所示为阳谷华泰60分钟K线图。股价在整个上涨过程中，是以波浪的形式向上运行的。也就是说，股价在有了一定的涨幅之后，都会出现一定程度的回调行情。而在每次回调时，成交量都出现了萎缩的迹象，此后股价将继续原有的向上趋势。其实这种回调的行情是主力刻意制造的。为了避免更多的投资者跟着主力买入股票，主力往往会故意向下打压，使得一些胆小的交易者提前出场。而主力为了避免将更多的筹码出售，成交量上不会有明显的增大迹象。每次回调的行情，都是散户进行吸纳买入股票的绝好机会。

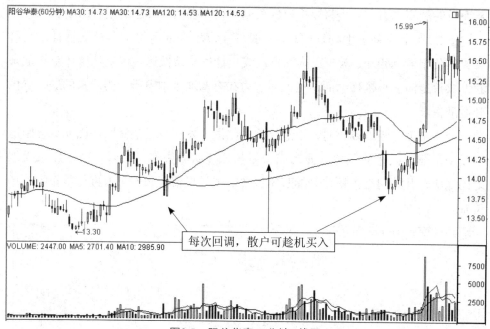

图2.5　阳谷华泰60分钟K线图

2.2　成交量与股价

成交量与股价配合分析,可以很好地完成对后市的预测。一般来说成交量与股价走势不一致时,现有的趋势就可能改变。下面将介绍常见的几种股价与成交量的关系,从中可以发现成交量对股价的影响不容忽视。

2.2.1　量增价平

量增价平这种情况是指成交量在逐步增大,但是股价却没有太多的变化,基本持平。量增价格不变化,说明多空双方的某一方在积攒能量,但是不能判断出是哪一方,后市可能会上涨也可能会下跌。

图2.6所示为生意宝周K线图。股价在盘整时,价格基本不变,但是成交量在稳步地推进,这是多头在积攒能量,为进一步推升做准备。

图2.7所示为合肥三洋日K线图。在股价上涨中期进入盘整行情,成交量与股价出现了量增价平的形态,多头在此时积聚能量,为再次拉升做准备。

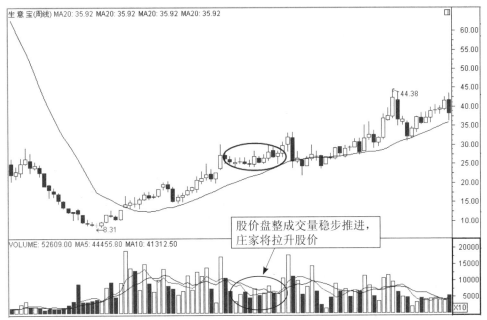

图2.6 生意宝周K线图

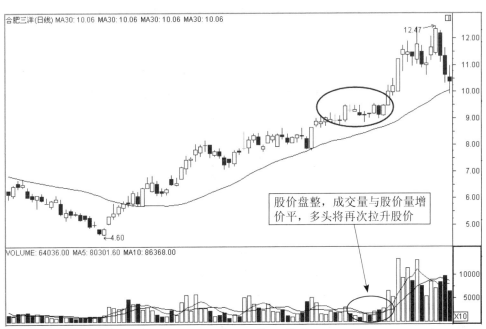

图2.7 合肥三洋日K线图

图2.8所示为华夏银行日K线图。股价在下跌的过程中出现了量增价平的走势，说明空头在积攒能量，准备进一步打压股价。

第2章 成交量比股价更重要 27

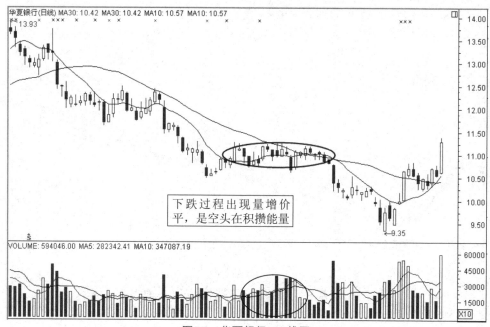

图2.8 华夏银行日K线图

2.2.2 量增价涨

量增价涨是指成交量增长,同时股价也在上扬。这是成交量与股价正常的走势,一般标志着好的上涨行情即将开始。图2.9所示为量增价涨形态示意图。

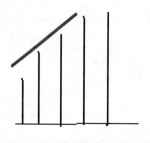

图2.9 量增价涨形态示意图

图2.10所示为华西村日K线图。股价在5.80元开始企稳,成交量也出现了逐渐增大的迹象。这说明股价的上扬获得了成交量的支撑,有稳定的多头开始买入股票,向上推高股价。因此这很有可能是市场底部的标志,股价将自此开始向上反弹,投资者据此完全可以做出买入的决策。

图2.11所示为山煤国际日K线图。股价在上涨过程中,出现了一次回调行情。但是当回调结束后,成交量再一次出现增大的迹象,而且股价也继续上扬。

成交量与股价走向相同,说明股价的上涨是真实可靠的,多头依然在市场中推动股价向上攀升,因此投资者依然是可以追涨买入的,后市还会有较大的一段涨幅。

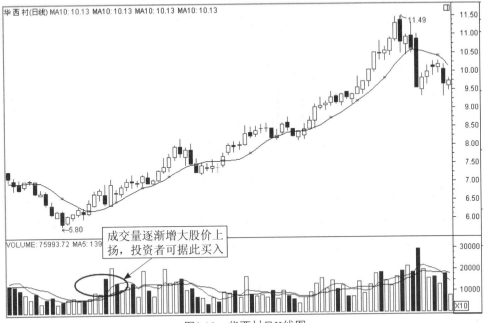

图2.10　华西村日K线图

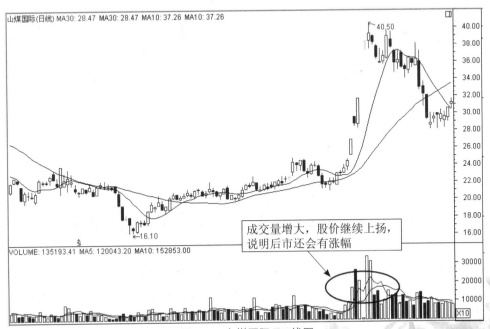

图2.11　山煤国际日K线图

2.2.3 量缩价涨

量缩价涨是指成交量与股价的走势并不一致,当股价在上涨之时,成交量出现了萎缩的迹象。图2.12所示为量缩价涨形态示意图。

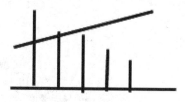

图2.12 量缩价涨形态示意图

图2.13所示为中信证券日K线图。股价在达到13.70元的高点之后,成交量却出现了萎缩的走势。这说明股价在上涨之时并没有得到成交量的确认,不再有更多的多头向上推高股价。因此很有可能股价已经确定,后市将出现下跌的走势,投资者应该利用此时的高价位及早出场获利了结。

图2.13 中信证券日K线图

图2.14所示为苏宁电器60分钟K线图。股价在下跌的过程中,出现了价涨量缩形态,这是由于主力机构在试图突破,故意用少量的资金将股价拉高,迫使一部分交易者认为股价将要反弹而买入股票。此时散户的买入行为,实际上是等于帮助主力更快地完成出货的行为。

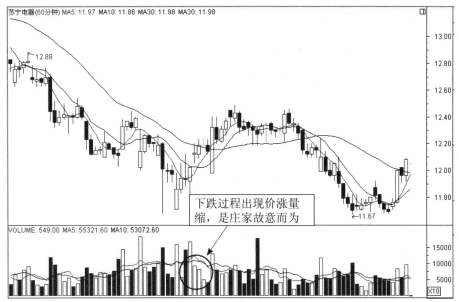

图2.14 苏宁电器60分钟K线图

图2.15所示为天邦股份日K线图。在市场的底部,成交量出现了萎缩迹象,而股价却在小幅上扬。这是由于主力锁定了大量的筹码,可以完全控制股价的走势,但是为了避免散户跟风买入股票,而故意使成交量出现低迷的走势。因此投资者完全不必理会成交量的缩小应买入股票,等待庄家开始向上大幅拉升。

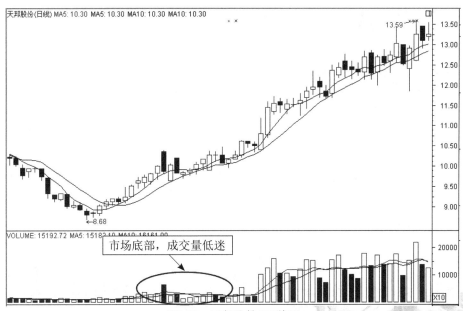

图2.15 天邦股份日K线图

2.2.4 量增价跌

量增价跌也是股价与成交量走势并不一致的形态,当成交量出现增长时股价却在下跌。图2.16所示为量增价跌形态示意图。

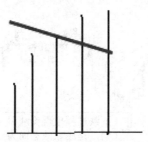

图2.16 量增价跌形态示意图

图2.17所示为华胜天成周K线图。在该图中,量增价跌形态出现在股价下跌的末期,这是主力故意向下打压导致的。因为在股价较低时,会有很多的交易者逢低买入股票,而主力为了不让更多的散户与其共同分享利润,故意向下打压股价,使得买入的交易者害怕股价继续下跌而止损出场。此时常常会出现量增价跌的迹象,而这也往往是股价最后一轮的下跌。当有更多的投资者出场后,主力会快速拉升股价。

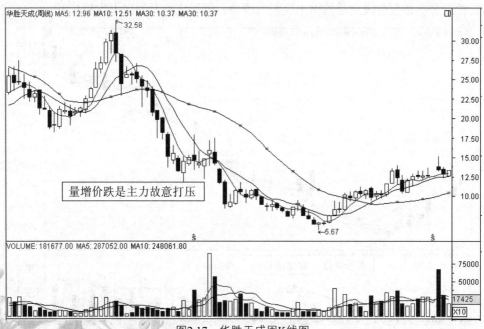

图2.17 华胜天成周K线图

图2.18所示为上海机场周K线图。从图中可以看到，股价在最后一轮下跌时，成交量已经开始向上逐渐增大，是温和放量形态。因此说明此时股价的下跌是主力故意打压导致的，股民不应该被主力的欺骗行为蒙蔽双眼，应该继续买入股票。

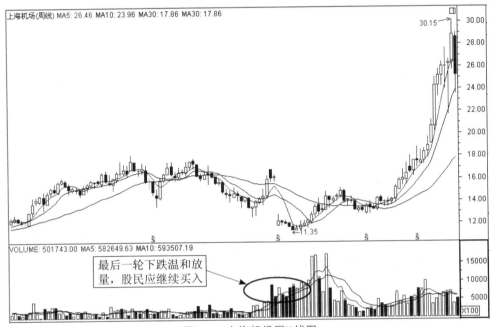

图2.18　上海机场周K线图

2.2.5　巨量天价

巨量就是前面介绍过的成交量突然放大，而天价就是指此时伴随着巨大的成交量股价也出现了新高，这是明显的见顶信号。

图2.19所示为联创光电周K线图。股价在13.48元达到了天价，而此时的成交量也出现了巨量形态。这是主力在高位出货的标志，是见顶的常见标志。股民在此时绝对不能买入股票，而应该及时出场。从后市走势图中也可以看到，股价随后便展开了下跌的行情。尽管出现了一个短暂的反弹行情，但是依然没有突破13.48元的高位。

图2.20所示为双良节能周K线图。股价在连续几个上涨之后，达到了35.46元的天价，而成交量也出现了巨量形态。因此这个巨量天价配合在一起，就是一个非常标准的见顶信号，股价自此后开始暴跌。此次的下跌行为并没有出现反弹的

行情，而是一路向下。没有在天量天价出现时卖出股票的交易者，将会蒙受巨大的损失。

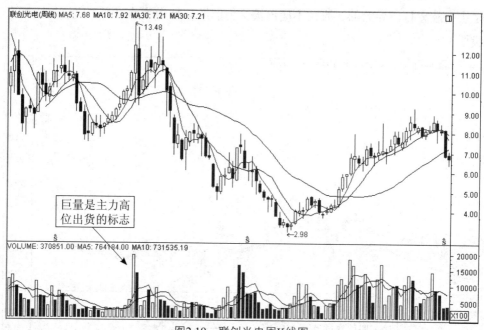

图2.19　联创光电周K线图

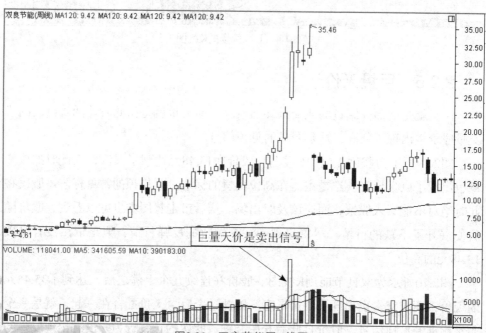

图2.20　双良节能周K线图

2.2.6 量缩价跌

量缩价跌是成交量与股价走势一致时的形态，它是指成交量在稳步缩小，而股价也在逐渐地向下推进。图2.21所示为量缩价跌形态示意图。

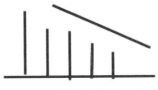

图2.21 量缩价跌形态示意图

图2.22所示为山煤国际周K线图。在此图中，量缩下跌形态出现在市场的底部，这是因为股价依然在下跌，买方并不十分急于进场交易，而在市场中大量的空头却急于找到多头来较量，因此成交量会比较低迷，而价格依然会继续下跌，这也是一种非常自然的情况。

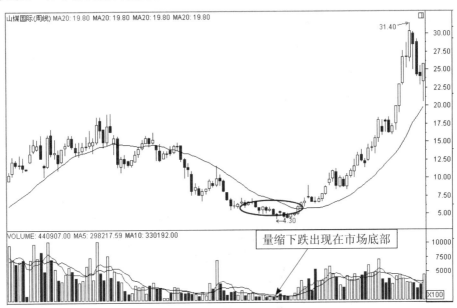

图2.22 山煤国际周K线图

图2.23所示为农产品60分钟K线图。股价在整个下跌过程中，都出现了量缩价跌形态，说明股价将继续原有的下跌趋势，而且还将会延续很长的时间。因为伴随着股价的下跌，并没有太多的交易者认为股价将结束下跌趋势而向上反弹，所以没有更多的多头入市交易，成交量十分低迷。没有巨大的多头向上推动，股价将不可能出现反弹的走势。

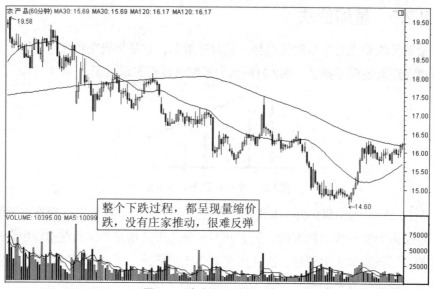

图2.23　农产品60分钟K线图

图2.24所示为阳谷华泰60分钟K线图。股价在整个上涨过程中出现了多次的回调行情，而每次回调行情都出现了量缩价跌形态，这就说明此时股价的下跌只是暂时的，是一种回调趋势，并不是真正的反转行情。因此交易者可以继续持有股票，甚至可以在股价向下回调时再次买入股票，以谋求股价继续上涨时获得更大的利润。

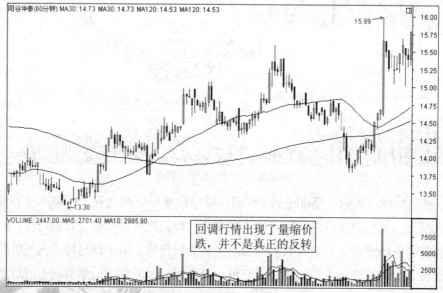

图2.24　阳谷华泰60分钟K线图

2.3 常见量价误区

一般情况下,投资者都认为成交量比股价更真实,但是往往在根据成交量进行预测走势并进行买入或卖出的决策时却做出了错误的判断。这在很多时候是因为走入了量价的一个误区,而并不是成交量本身出现了错误。

2.3.1 股价上涨时,成交量增大

股价在上涨时,成交量增大是大多数股民都有的一个认识误区。很多股民会认为股价的上涨必须要有成交量的推动,如果成交量没有放大则说明股价的上涨是缺少动力的。其实这是一种错误的想法。从一般意义上来分析,股价这种上涨在很大程度上是比较真实的。但并不意味着股价在上涨时成交量必须要出现放大,如果成交量不出现放大现象则表明股价上涨不真实。

当多空双方对当前的价格走势出现分歧时会有很多人买进、卖出,这时成交量才会出现放大的迹象。如果多空双方的看法不相同,也就是说在投资者看好后市时,会有更多的人买入股票,但是市场中因为没有人卖出股票,因此成交量是无法增大的,这时股价的上涨自然不会得到成交量放量的配合。

如果庄家高度控盘,向上快速拉升股价时也都需要放量。庄家并不希望看到成交量快速增大,因为成交量突然放大会给散户一个信号,更多的散户会蜂拥而至。这是每个庄家都不愿看到的现象。

图2.25所示为上海机场周K线图。股价在上涨的前期,成交量出现了萎缩行情。大多投资者根据认识的误区,认为此时股价并不是真正上涨的,而这其实正是庄家故意设下的陷阱。庄家在向上拉升一小段距离后,害怕投资者跟风买入,故意将成交量缩小使得股价停止不前,这样一些胆小的交易者会止损出场。而当更多的散户出场之后,市场中就只剩下了主力这个大机构,此后主力便将股价迅速地向上拉升,而出场的交易者则会后悔不已。

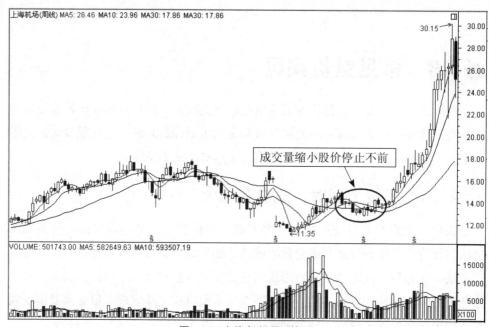

图2.25 上海机场周K线图

2.3.2 暴跌量缩将止跌

股价在暴跌之后，如果成交量出现萎缩，股价将要止跌。这也是投资者常有的一个认识误区。很多投资者会认为，当股价在下跌了很大幅度之后，只要成交量出现萎缩现象，就表明空头的力量已经开始衰退，股价将在此后开始反弹。因此很多投资者会凭借这个信号做出买入的决策，结果导致巨大的经济亏损。

导致巨大亏损的原因是散户的这种认识根本就是错误的，因为大多数交易者都不看好某只股票的时候，不会有大量的多头进入市场，此时空头的抛盘再大也无法完成，所以成交量会出现萎缩的迹象。不管市场中的空头多么急于出售手中的股票，此时若没有人愿意买入一样无法完成交易。因此股票在暴跌时，成交量出现萎缩的迹象是一种正常的形态，并不是空头正在衰退的信号。

图2.26所示为ST百科日K线图。股价在下跌后不久进入到了一个横盘的整理行情中，此时的成交量也出现了萎缩的迹象。如果此时投资者根据以前错误的量价认识，认为股价即将反弹而买入股票，便会遭受巨大的经济损失。从后市来看，此时距离下跌结束还为时尚早，此时的成交量萎缩是由于大家都看空市场，而没有人愿意在此时买入股票造成的。

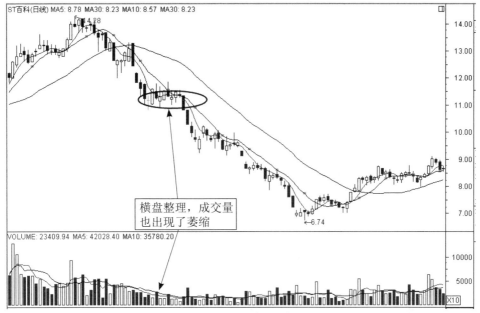

图2.26 ST百科日K线图

图2.7所示为华电国际日K线图,股价自高位开始下跌后,成交量便出现了萎缩的迹象。这正是多空双方纷纷看跌市场,没有人愿意买入股票造成的结果。而此时根据错误的量价认识决定买入股票的投资者,只能成为市场中的牺牲品。

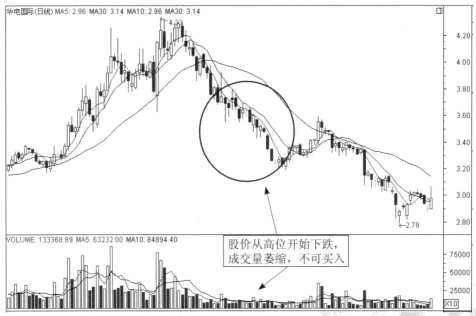

图2.27 华电国际日K线图

第2章 成交量比股价更重要

第3章　成交量图形

　　掌握股票分析的一些股民对于K线图中那些走势图形并不陌生，例如当天K线的走势出现矩形、头肩顶、头肩底的形态时，股民可以做出买入或者卖出的预测。其实，成交量如同K线图一样，也可以形成各种走势图形，并且这些不同的形态也具有不同的意义。

3.1 矩形成交量

矩形成交量是在股市中较难预测后市的一种图形，它又称为长方形图形。尽管它在市场中很容易见到，但是它的变化形式很多，再加上它出现的位置很灵活，因此对后市的预测较难掌握。下面将对这种图形做重点分析。

3.1.1 形态介绍

矩形成交量是指每天的成交量都基本相同，因此在图中可以看到成交量的柱状线长度几乎相等，整齐地排列在一起，形成了一个矩形图案。图3.1所示为矩形成交量形态示意图。

图3.1 矩形成交量形态示意图

3.1.2 原理分析

矩形成交量出现时，一般股价处于盘整状态。这种形态正是股民对后期走势不明确的一种表现。因为在某一个区间大家反复交易，等待股市最终走势的明朗。例如，当股价运行到一个震荡范围的高处时，由于上方的阻力或者没有更多投资者继续看好市场，而无力继续上扬，开始转入下跌迹象。而当股价运行到震荡范围的底部时，又有更多的投资者逢低买入股票，于是股价得到支撑继续上扬。

于是多空双方就在某个震荡范围之内开始激烈交战，双方进入到了胶着状态，买入与卖出的交易十分频繁，股价始终在某个区间内上下震荡。每个交易者都在等待明确的信号，于是成交量也出现了停滞不前的状态，每日的交易量基本相同，这就是矩形成交量形态。

一般来说，矩形成交量是多头在积攒能量的时期，因此后市会有一段比较大的上涨空间。矩形成交量多出现在市场的底部和市场的中部，在市场的顶部一般很少有矩形成交量出现。

3.1.3 实例解析

图3.2所示为国农科技周K线图。股价在上扬的过程中，成交量出现了矩形走势。尽管股价没有出现盘整的状态，但是矩形的成交量表明多头在积攒能量，后市将稳定地向上推高。

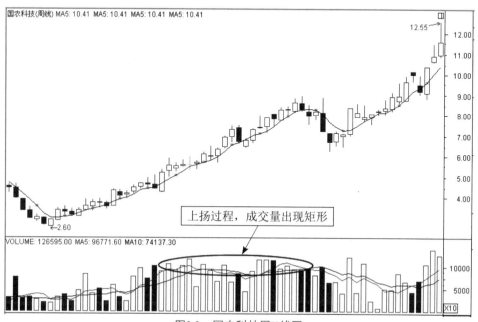

图3.2 国农科技周K线图

图3.3所示为柳钢股份日K线图。股价在上涨的过程中出现了盘整形态，而成交量在股价进入盘整行情时，也走出了矩形成交量形态。这说明股价在前一段的上涨之后进入到了休整的时期，股价波动幅度开始减慢，并且有停止上涨的迹象。此时的成交量也比较稳定，并没有大起大落，而是走出了每日基本相同的成交量形态，因此说明并没有大量的投资者看空市场。在经过这段时间的盘整之后，股价在相当大的程度上会继续上扬。因此只要在市场上涨过程中出现矩形成交量，投资者是完全可以买入股票的。

图3.4所示为山煤国际的日K线图。股价在市场的底部出现了矩形成交量形态，股民在此时可以坚决地买入股票。因为这常常是主力正在建仓的标志，主力在建仓时，为了避免成交量突然增大而引起跟风买入的现象，故意使成交量保持在一个相对恒定的水平之上。

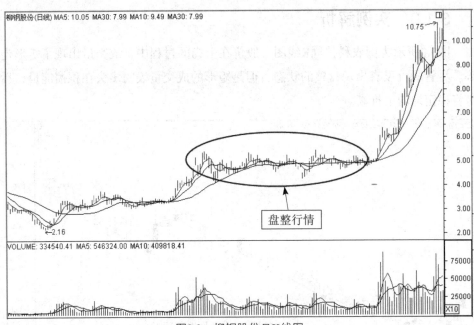

图3.3 柳钢股份日K线图

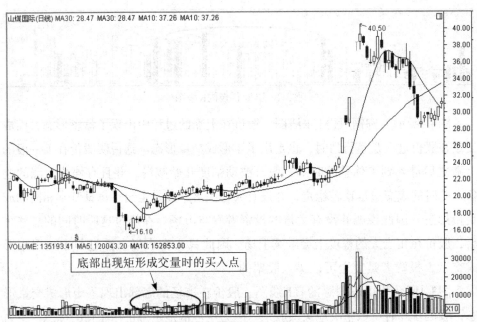

图3.4 山煤国际日K线图

3.2 圆弧底成交量

圆弧底成交量是市场中经常见到的一种图形,在上涨的过程中或者股价在市场的底部均可见到此种形态的身影。相对于矩形成交量来说,投资者掌握此种形态还是比较容易的。

3.2.1 形态介绍

图3.5所示为圆弧底成交量的形态示意图。该图形的特点是成交量从大开始变小,到达最低点后又逐步增大。因此整个成交量的变化形式是从大到小再从小到大,而且整个成交量的变化均是平缓的,并不是出现突然增大或者突然减少的现象。

图3.5 圆弧底成交量形态示意图

3.2.2 原理分析

一般来说,当成交量从大到小变化时,股价也出现缓慢的下跌。而在圆弧底形态的后半部分,成交量在逐渐增大,股价也开始继续上行。

当股价进行了一次向上的大幅拉高之后,会有大批的交易者买入股票,而也会有一部分交易者逢高获利出场,因此这时的成交量会出现明显增大的迹象。此时由于更多的散户跟庄入场,主力不会轻易地快速向上继续拉升股价。主力希望散户快速出场,但是主力手中的筹码也是十分珍贵的,因此不会轻易地向下故意打压。而最简单的办法是主力暂时不进行任何操作,让股民自己去买卖,市场中由于缺少主力的操作,股价就失去了原有的上涨动力,自然会出现下跌的行情。

在股价下跌过程中,由于散户手中的股票数量无法与主力雄厚的筹码相比,因此成交量开始萎缩,股价也在缓慢下跌。当一些投资者禁受不住长时间的折磨纷纷离场,主力才会开始选择继续拉高股价。此时又有新买入者的加入,以期主力的向上拉升，成交量将开始放大，股价也会继续上扬，因此一个圆弧底的形态也就出现了。

由于在整个交易过程中，主力并没有大幅度地打压股价，因此不会有太多的交易者快速的转变看法而大幅度地卖出股票。所以成交量是缓慢转变的，没有出现明显的大幅上扬和快速萎缩迹象。当圆弧底成交量形态出现后，就表明主力将开始继续向上拉升，主力已经完成了洗盘清场的工作。因此，股民应该在此时积极地买入股票。

3.2.3 实例解析

图3.6所示为双良节能日K线图。股价在上涨过程中出现了一次回调的行情，伴随着回调行情的出现，成交量也走出了圆弧底形态。当股价完成回调之后，圆弧底成交量形态也完整地出现，这时股民可以买入股票，从图中也可以看到，后市股价继续上扬，而且涨幅比之前的涨幅大。

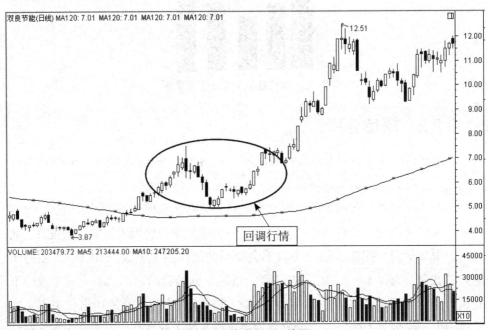

图3.6 双良节能日K线图

图3.7所示为上海机场周K线图。股价在上涨后不久，出现了一个小幅的回调过程，而此时的成交量也走出了一个圆弧底形态。在该形态出现后，主力快速向上拉升股价，直至30.15元的高位。

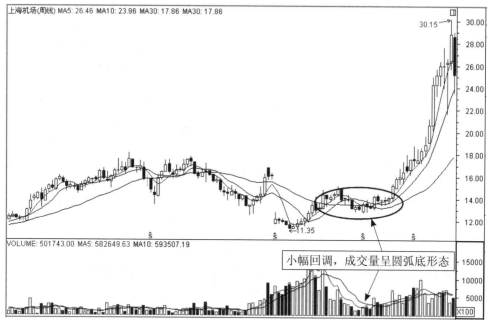

图3.7 上海机场周K线图

从上面的例子可知,一般圆弧底形态出现后标志着后市会有较大的上涨空间,因此股民可以积极购买。一般情况下,该走势持续的时间可能会比较长,而且有时回调的幅度较深,因此股民必须要有心理准备。过早入场,或者经受不住很深的跌幅以及漫长等待的股民,尽量不要参与。

图3.8所示为中国联通周K线图。从图中可以清楚地看到,在市场的底部,成交量出现了一个明显的圆弧底形态。但是如果投资者过早地进入市场,就需要等待漫长的交易过程。在图中可以看到,一连串的小K线实体,标志着在数周时间之内股价都没有明显的波动,而整个的盘整行情要持续3个月左右的时间。

图3.9所示为天利高新日K线图。从图中可以看到,伴随着成交量出现了圆弧底形态,股价也达到了市场的底部。但是最后一轮的下跌不仅时间很长而且幅度很深,跌幅在2元左右。如果投资者过早地进入市场,则必须要有承受一定浮动亏损的心理素质。因此,保守型的交易者可以等待圆弧底形态完全成立后,股价出现了一定的上涨信号再入场交易。

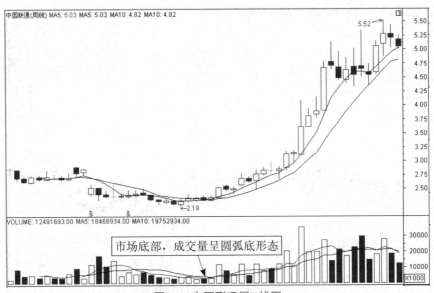

图3.8 中国联通周K线图

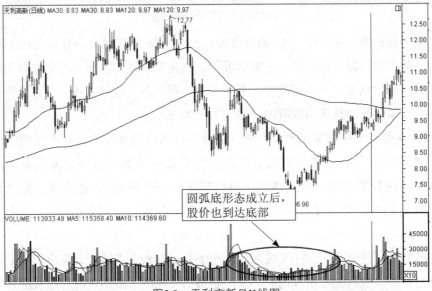

图3.9 天利高新日K线图

3.3 圆弧顶成交量

圆弧顶成交量与圆弧底成交量形态是一组相反的形态组合，该形态一般出现在市场的底部或拉升的途中，一般不会出现在市场的顶部。虽然成交量形态的名称叫圆弧顶，但一般不是股价运行到顶部的标志。

3.3.1 形态介绍

图3.10所示为圆弧顶成交量形态示意图。该图中，成交量先是从小依次增大，而后从大再逐渐变小，整个变化过程都是渐进式的，没有突然增大和突然减小的迹象，整个外观是一个圆弧的形状。

图3.10　圆弧顶成交量形态示意图

3.3.2 原理分析

圆弧顶形态一般并不标志着股价到达了市场的顶部，因为股价在启动或者刚开始推升时，由于多头在低点蜂拥而至，股价受此推动必然会强势上扬，而成交量也因此会有放大的迹象。但是由于主力在某一点内需要进行洗盘工作，因此会有一定的打压，市场中股价也会出现一定程度的回调，成交量也会出现明显稳步缩小的迹象，于是一个圆弧顶的成交量形态便出现了。

该形态只是表明了投资者心理比较稳健，但并不是股价已经上涨到顶部，而且说明后市还将继续原有的走势。在股价上涨初起时，主力缓慢地向上拉升，而一些嗅觉敏锐的股民会跟风买入，所以主力不敢快速地向上拉升，以免被更多的散户知道拉升的意图，成交量就稳步增加了。

当主力开始洗盘时，由于手中的筹码也是有成本的，不会通过大量抛售筹码的方式来大幅度打压股价，因此打压的幅度是有限的，股价回调的行情也是有限的，成交量会出现萎缩迹象，但不会大幅度突然萎缩。

当主力完成吸盘工作清除掉更多的跟风者以后，必然会继续向上推升股价。因此股民遇到此种图形的成交量，只要耐心等待就可以了，甚至可以在股价下跌时继续买入股票。

3.3.3 实例解析

图3.11所示为霞客环保周K线图。股价在3.32元左右开始止跌回升，而成交量在此时出现了一个圆弧顶形态。当股价小幅上扬后，出现了一个明显的横盘整理过程，成交量没有明显的放大迹象，而是在市场底部形成了圆弧顶成交量形

态。此后股价开始了小幅上扬，因此，此例中的圆弧底形态成为了市场行情的开端。

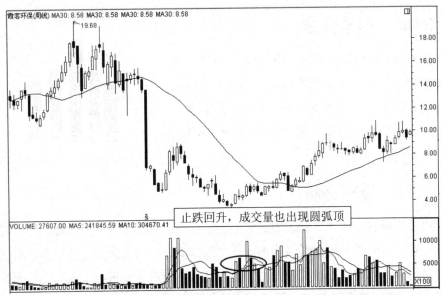

图3.11　霞客环保周K线图

图3.12所示为太原刚玉日K线图。在此例中，成交量的圆弧顶形态出现在上涨行情中，伴随着回调行情的结束，圆弧顶形态最终确立，此后股价开始继续上扬。因此圆弧顶成交量一般是股民可以买入的信号之一。

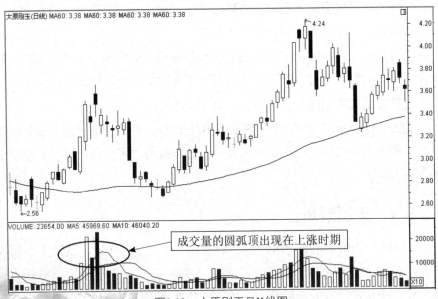

图3.12　太原刚玉日K线图

3.4 等腰三角形成交量

等腰三角形成交量可以体现出投资者最初谨小慎微地买入，然后是疯狂地买进，最后是疯狂地出售股票。市场中常见的散户心理的完整变化都可以从这个图形中看到。了解了此形态后，股民将告别原有的错误交易心理，开始做一个明智的、理性的投机者。

3.4.1 形态介绍

图3.13所示为等腰三角形成交量形态示意图。该形态与圆弧顶成交量形态类似，成交量均是先从小到大再从大到小，但是等腰三角形成交量的先后变化基本走出了对称的形式。因此外观上并不是圆弧状，而是形成了一个等腰三角形的形态。

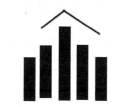

图3.13 等腰三角形成交量形态示意图

3.4.2 原理分析

当股价刚刚从暴跌的行情走出之后，许多投资者还沉浸在之前的恐惧中，即使股价开始有了行情的转变信号，也仅仅是一些激进的交易者敢于买入股票，此时伴随着股价的小幅上涨，成交量是非常低迷的。这也就说明，在此时人们是非常谨小慎微的，丝毫不敢大意。

伴随着行情快速的转变，股价开始快速上扬，此时人们已经不再像之前那样恐惧，心理也变得更加疯狂，更多的交易者纷纷入市、跟风买入，因此成交量会出现明显的增大迹象。这也就说明，股民已经从之前的过分谨慎到目前的丧失理智。

当市场达到高点以后，股民会纷纷卖出手中的股票，这是股价将停止上涨的脚步，而没有进场的交易者，此时会感到恐惧而不敢再进场交易。一些进场较晚的交易者，发现自己买入股票后价格出现了停滞不前的现象，害怕股价会下跌，结束原有的上涨行情，所以在此时都会发现自己的买入点位已经过高。于是抛盘四起，投资者纷纷卖出手中的股票，唯恐自己抛售时间过晚而出现巨额的损失。于是市场中抛盘比比皆是，股价应声下跌，而股价的暴跌又引发了投资者的恐慌，以使抛单更多地出现。这就表现在成交量急剧增大，而股价却在急速暴跌。

在市场中总有一些坚定的投资者,即使股价有了大幅的下跌,这批股民宁可亏损也绝不卖出手中的股票,于是成交量不会增大而是开始萎缩,因为想要卖出股票的投资者已经离场,而停留在市场中的投资者是绝对不会出手手中股票的。于是股价回到了市场的底部,成交量也形成了一个等腰三角形形态。

从整个成交量形成的过程可以看到,行情的转变也带动了投资者心理的变化,投资者心理的变化反过来又影响着行情的上涨与下跌。

3.4.3 实例解析

图3.14所示为双良节能周K线图。股价在市场的顶部附近出现了巨大的成交量,而且此时的成交量与之前相比可以说是巨量,达到了前期成交量的两倍左右。从整个的成交量图形来看,一个明显的对称等腰三角形形态出现。此后,股价虽然继续小幅上扬,但是成交量却在萎缩,而且上涨的空间并不大且K线图中留下了长长的上影线。因此说明在这一价位已经有了巨大的压力,股民可以判断出市场的顶部已经到来,可以考虑卖出手中的股票。

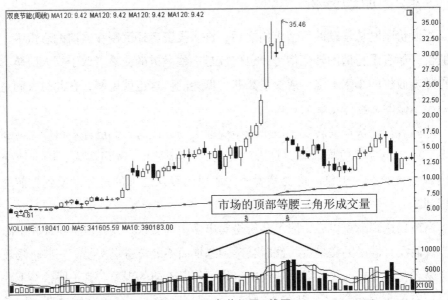

图3.14 双良节能周K线图

图3.15所示为华胜天成周K线图。股价在32.58元达到顶峰,而此时成交量也走出了一个等腰三角形形态。尽管在此例中,成交量没有像上例那样出现明显的巨量形态,但是依然可以认定是一个等腰三角形形态。而且当等腰三角形出现

后，股价没有向上运行而是直接下滑，因此一个市场的顶部完全可以被股民推断出来。

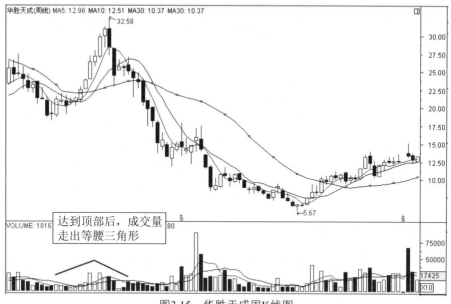

图3.15 华胜天成周K线图

3.5 上升三角形成交量

上升三角形成交量是一种不稳定的图形，一般出现在上涨的过程中。而且在该图形出现后，投资者通过该图形的变化可以确定股价何时到顶部。对于单边上涨的行情来说，股民需要知道何时股价上涨到尽头，上升三角形成交量就有了用武之地。

3.5.1 形态介绍

图3.16所示为上升三角形成交量形态示意图。该形态是指成交量从小开始逐渐增大，如果用一条直线表示，则这条直线是向上倾斜的。当成交量出现最大化时，也就意味着上涨的动力即将衰竭，市场很有可能即将到达顶部。

图3.16 上升三角形成交量形态示意图

3.5.2 原理分析

当股价在市场底部开始小幅上扬时，只有一些思维敏捷的投资者会及时发现股价行情已经转变，开始考虑买入股票并长期持有，此时买入的人数是较少的，因此成交量也不会大幅增长。

随着时间的推移，股价再次小幅上扬，这时一些主力庄家也会积极地进入市场。由于他们的资金雄厚，因此成交量也会明显增大。

随着买入者的增多，股价也开始纷纷大幅上扬，于是之前买入的投资者必定获利不菲，场外的交易者也会纷纷涌入市场，投资已经变成了过度的投机。于是成交量开始再次扩大，而当长线投资者其主力庄家纷纷退出市场以后，成交量达到最大化，股价也将进入到市场的顶部，接下来便进入下跌的环节。

3.5.3 实例解析

图3.17所示为太原刚玉日K线图。从图中可以看到，股价在快速上涨的同时，成交量也出现了逐步放大的迹象而且是依次增大，明显走出了一个上升三角形形态。当股价达到市场的顶部之后，成交量从最大化开始萎缩，股价也伴随着开始下跌。因此股民在看到成交量最大化后，应该考虑及时出场。

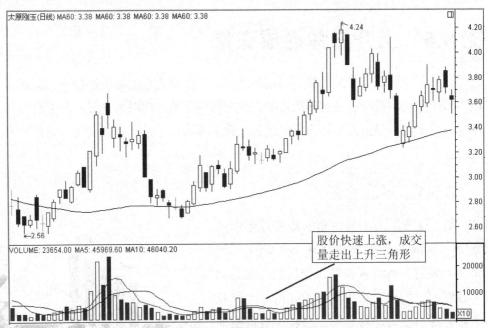

图3.17　太原刚玉日K线图

图3.18所示为东方创业周K线图。从图中可以看到，股价在上涨初期，成交量便走出了上升三角形形态。此后股价开始出现了盘整行情，说明股价不会马上转入看空的行情，只要有充足的资金及时进场，股价可以再次拉高。但是对于短线交易者来说，在上升三角形形态出现后，可以考虑出场规避风险。

图3.18　东方创业周K线图

3.6　下降三角形成交量

下降三角形成交量形态与上升三角形成交量形态是一组相反的形态组合，一般出现在下跌的过程中，也是一种不稳定的成交量形态。根据该形态，投资者可以判断出股票何时就要到达市场底部。

3.6.1　形态介绍

图3.19所示为下降三角形成交量的形态示意图。该图中成交量从最大化依次降低，因此整体的态势是向下倾斜的。

图3.19　下降三角形成交量形态示意图

3.6.2 原理分析

当股价上涨到一定程度之后，庄家想要继续吸纳筹码是越来越困难，因为不会再有更多的交易者卖出手中的股票。而如果在更高的价位买入，则庄家的支付成本将会更高。于是庄家常要向下打压股价，当胆小的交易者看到股价下跌后，认为股价已经完成了上涨的行情即将转入下跌之列，因此必定会有一部分股民认同，从而卖出手中的股票。

由于此时卖出股票的股民人数较多，因此成交量也较大。此时散户卖出的筹码完全到了庄家手中，卖出的股票不会因为没有人买入而无法完成。成交量在此时出现明显的增大迹象，但是股价却继续在下跌。之前没有卖出的交易者会看到持续放量股价却停滞不前，因此就会加入到卖出股票的大军之中。

此时，一些在市场中已经处于亏损的投资者会认为反弹无望，之后股价继续下跌自己的亏损更大，于是也会割肉离场，这都是成交量增大的原因。在市场的底部或者中期买入的股民，此时伴随着股价的下跌，也会有一定程度的亏损，至少是利润在减少，因此这些人也会争先恐后地卖出股票。这时一般是抛出的最后一搏，所以成交量比较低迷。此时成交量走出一个完整的下降三角形形态。当最后这批抛盘出现后，股价达到最低，主力也收集到了足够的筹码，因此会继续向上拉高股价。

通过此种方式，主力不仅可以完成吸筹的工作，而且还可以清除掉一些意志不坚定的跟风者，同时可以使吸筹的成本降低，可以说是一举三得。

通过整个原理分析可以知道，股民此时持股的信心不坚定是造成成交量出现下降三角形形态的重要原因。如果股民不出现巨大的恐慌心理，那么成交量不会突然间大幅度地增大或减小，而是在一个合理的股价区间内反复波动。

在下降三角形成交量形态出现后，如果成交量最小化后股价出现了上涨的信号，则很有可能是市场的底部已经到来，因此股民可以买入股票。

3.6.3 实例解析

图3.20所示为博瑞传播周K线图。从图中可以看到，股价在32.58元达到顶部，而成交量也出现了最大的走势，此后的成交量依次减小，整体上看是一个下降三角形成交量形态。而股价也从高位开始下落，结束了之前的上涨行情。

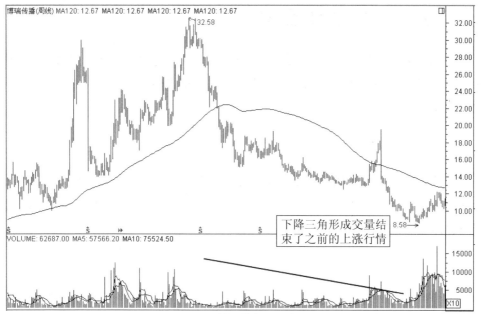

图3.20 博瑞传播周K线图

图3.21所示为福建南纺周K线图。从图中可以看到，股价在回调时出现了一个下降三角形成交量形态。当成交量萎缩到最小化时，股价便开始向上再次拉起，继续原有的上涨行情。

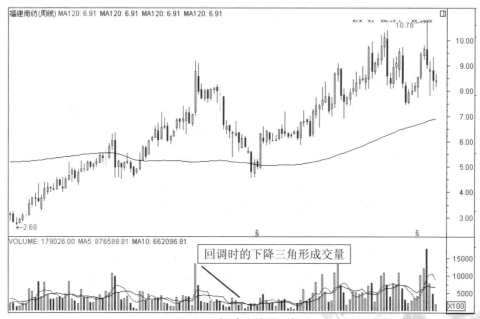

图3.21 福建南纺周K线图

第3章 成交量图形 57

3.7 头肩底成交量

不仅股价在走势中可以形成头肩底形态，成交量也可以出现头肩底图形。成交量的头肩底形态一般是底部反转形态，这与股价走势中形成的头肩底形态的含义是一致的。

3.7.1 形态介绍

图3.22所示为头肩底成交量形态示意图。在该示意图中，成交量的左肩部分与右肩部分要高于头部，而头部是整个头肩底形态中的最低部分，如同K线图中形成的头肩顶形态一样。

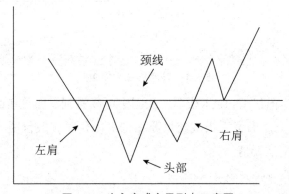

图3.22　头肩底成交量形态示意图

3.7.2 原理分析

当股价经过了长期的大幅下挫后，空头的力量已经趋于衰竭，因此有一部分投资者可以逢低买入股票。当有足够多的买入者进入市场之后，股价开始出现止跌的走势，在场外的一些关注者看到股价出现停滞不再下跌的迹象，也会跟风买入。

此时股价已经过低，一些长线交易者已经进入市场当中，而伴随着股价不再继续大幅下挫，一些短线交易者也开始来抢反弹，因此股价受两种交易者的推动开始了真正的向上反弹，于是成交量也出现了左肩部分。

当股价上涨到一定程度之后，原有的短线交易者可能会再次买入，而之前已经处于亏损的交易者会纷纷解套出场，于是股价被这些抛盘再次打压下来。此时原想继续持股的交易者，看到股价继续下挫，会认为股价没有转入上涨行情仅仅是短暂的反弹而已，于是开始卖出手中的股票，此时成交量明显增大。

随着股价的再次下跌，一些主力资金和一些长线交易者会继续进入市场，于是股价再次止跌回升，成交量也出现明显的增大迹象，头肩顶形态中的头部也就出现了。

由于短线交易者会随时出场，主力不敢大幅向上拉升，因此股价会暂时被压制，成交量也会出现再次放大的迹象。很多股民在此时会意识到股价有可能向上反弹，因此成交量会明显放大。

如果将K线与成交量配合起来就可以发现，当K线图中出现头肩底时，左肩部分的成交量是最小的，而中间头部的成交量将比左肩大，而右肩处的成交量是最大的。当成交量最终形成头肩底形态之后，则意味着股价将结束原有的下跌趋势，投资者可以毫不犹豫地进行建仓活动。

3.7.3 实例解析

图3.23所示为上海机场日K线图。从图中可以看到，股价在市场的底部出现了一个头肩底形态，当一根K线最终突破颈线时，成交量出现了明显的增大迹象。这就说明在K线图中出现的头肩底形态是有效的。而且纵观成交量图形，可以发现整个的成交量图形也是一个头肩底形态，其中右肩部分的成交量最大。

图3.23 上海机场日K线图

图3.24所示为东方宾馆周K线图。从图中可以看到，股价在2.15元达到新低，这也是头肩底形态的头部，而此时的成交量已经比左肩部分的成交量稍大，股价在右肩部分的成交量明显增大，成交量和股价都走出了头肩底形态，因此股民可以入场交易。

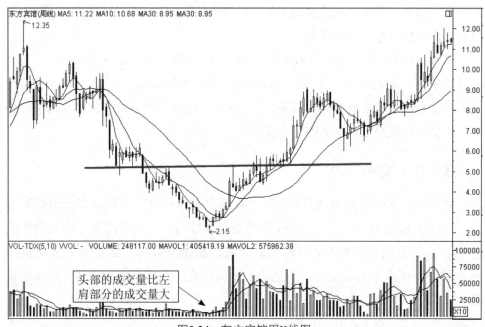

图3.24　东方宾馆周K线图

3.8　头肩顶成交量

头肩顶成交量与头肩底成交量形态是一组相反的成交量形态，而且该形态是市场即将见顶的标志。这与K线图中出现的头肩顶形态含义是一致的，甚至有时成交量的头肩顶形态比K线图中的头肩底形态还要准确。

3.8.1　形态介绍

图3.25所示为头肩顶成交量形态示意图。该形态是由一个头部两个肩部构成的。一般来说，左边肩部的成交量是最大的，而右边肩部的成交量值较小。

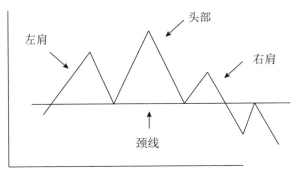

图3.25 头肩顶成交量形态示意图

3.8.2 原理分析

当股市进入上涨行情时,市场氛围会比较活跃,交易也会处于亢奋之中,大家会争先恐后地买入股票,害怕进场太晚买入价过高。此时成交量会变大,而且股价上涨的速度也十分明显。

但是股价并不会一直向上运行,总要出现上涨速度减慢的时刻,甚至还有可能会出现向下回调的行情。之前过于乐观的交易者会发现此时自己的买入价已经高了,于是看到股价下跌,就会认为自己选择的时机不当。如果未来股价再次下跌会遭受不小的损失,所以此时会有一小部分交易者出场。

当多头继续推升股价上扬时,股价可能会超过前期高点,但是此时的成交量却不会比之前的成交量更高,因为这时不仅有一部分交易者获利出场,而且不会再有更多的交易者在这么高的点位买入股价。与此同时,进场过早的交易者已经有了丰厚的回报,开始选择获利出场。此后股价便会开始下跌,而一些比较精明的交易者也会在股价下跌的初期和前期迅速出场。因此K线图中形成了一个标准的头肩顶形态,而成交量中也出现了一个头肩顶形态。

如果将成交量与K线图结合分析可以发现,当K线图中出现头肩顶时,左肩部的成交量是最大的,而头部的成交量集中,右肩部的成交量最小。这也说明当股价运行到右肩部时上涨乏力,根本没有原动力来支持。

3.8.3 实例解析

图3.26所示为冠福家用60分钟K线图。股价在市场的顶部出现了一个明显的头肩顶形态,而股价运行到右肩部时,成交量明显低于前面的成交量,这说明股价此时的上涨是无力的。与此同时,成交量也走出了头肩顶形态,这就更印证了

市场顶部已经确立的推断。

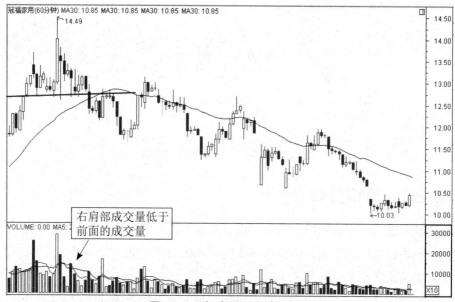

图3.26　冠福家用60分钟K线图

图3.27所示为招商银行周K线图。股价在46.33元达到了新高，这也是市场的顶部，同时还是头肩顶形态的头部。此时的成交量已经小于左肩部的成交量，此后股价在右肩部没有创出新高，而且成交量明显不足，是一个卖出的信号。

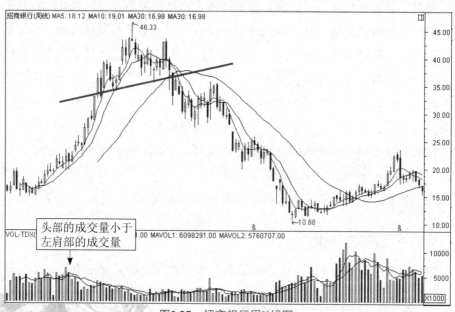

图3.27　招商银行周K线图

第4章　分时图中的量价分析

在股市中，除了K线图外，分时图也是股民们经常用到的有力武器。而如果将分时图和成交量结合分析，可以获得更高的判断准确率。相对于K线图来说，分时图可以具体地判断每个交易日内的行情，因此短线交易者一般更加关注分时图中的量价关系。

4.1　早盘地量涨停

当早盘出现涨停的现象，股民一般会欣喜若狂，因为股价快速地达到涨停板，说明后市很有可能将继续上扬，那样之前买入股票的股民在一开盘就会获得不菲的收入。但是这里应该告诉投资者不能盲目乐观，此时的涨停应该与成交量结合来分析。

4.1.1　原理分析

当某个股有突发的好消息出现后，一开盘股民就会蜂拥买入，因此开盘就会大幅度地高开，在利好消息的带动下一路走高，甚至被拉至涨停板的位置。由于买入者众多，因此股价快速上扬，而且成交量在开盘后也会快速地增大，这就是说股民正在争先恐后地买入股票。

由于利好消息的带动，即使股价达到涨停板，大家也对后市的走势依然看好，还希望今后在市场中获利而不是兑现利润。因此在股价达到涨停板后，由于缺少卖出者，成交量出现萎缩的状态。

另一种情况，就是庄家对某只股票控盘程度较高，庄家在拉升该股股价时往往也会采用这种方式。庄家先在某个低点建仓后达到了绝对控盘的程度，此时庄家开始拉升股价。庄家在拉升股价时，开盘以后就采用对倒的方式来推动股价，这样就会引来一批跟风的散户进场。所谓"众人拾柴火焰高"，股价可以轻而易举地被拉至涨停板的位置。在这种情况下，成交量自然会迅速地放大。但是当股价触及涨停板后，由于绝大部分的筹码都掌握在庄家手中，散户的手中筹码并不是很多，因此不会有太多的短线交易者出场，成交量也会出现萎缩的走势。

4.1.2　市场含义

无论早盘地量涨停这种形态，是由于利好消息的带动，还是由于庄家高度控盘导致的结果，它都表明后期有较好的涨势。因为在此时场内没有出现大量的卖出交易单，说明场内的资金比较充足，后市在很大程度上会上涨，至少短期内股价会延续上涨的行情。而且这种较好的走势，往往得到场外资金的关注，进一步引发场外资金注入市场，形成股价继续向上大幅拉升的局面。

对于想要发现有庄家介入的个股的股民而言，早盘地量涨停是一个寻找的好机会。一旦发现有个股走出此种走势，十有八九是主力已经介入，而且建仓的工作已经完成。投资者只要立刻入场就可以在短时间内看到庄家快速向上拉升。

4.1.3 实例解析

图4.1所示为紫金矿业分时图。从该图中可以看到，在2010年10月8日开盘时，股价一路上扬，短短几分钟内就到达了涨停板的位置。整个过程不仅持续的时间短暂，而且成交量快速增大，此后全天股价均维持在涨停板上，但是成交量却明显减小。

这说明股价能够封住涨停板是得到了场外投资者积极的支持，做多的气氛是相当浓厚的。而股价在达到涨停板后，成交量萎缩，说明在市场中多头并没有出场，没有较大的抛盘，投资者的信心是比较稳定的，因此后市在很大程度上将延续这种走势。

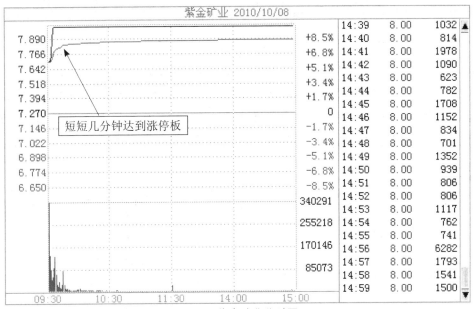

图4.1 紫金矿业分时图

图4.2所示为紫金矿业日K线图。图中箭头指向的位置是2010年10月8日的日K线。从图中可以清楚地看到，当天在开盘时与前一天相比有了较大的向上跳空缺口，说明多头的动能已经十分充足，而且成交量也明显增大。根据分时图做出买入决策的投资者，在后市就可以获得多个向上跳空的巨大利润，而且股价自此才开始真正地快速向上冲击。

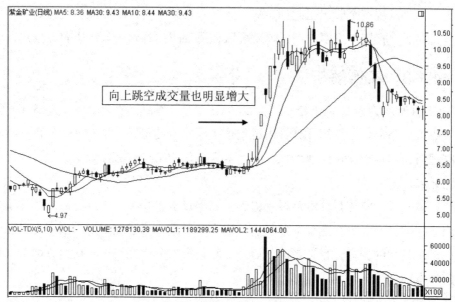

图4.2　紫金矿业日K线图

图4.3所示为熊猫烟花分时图。该股在2009年7月30日当天开盘后快速向上冲高，半小时左右的时间股价达到了涨停板，成交量迅速增大。此后股价维持在涨停板附近，但是成交量却明显出现萎缩。这说明全天股价都被多头的强大推动作用封死在涨停板上，场内没有强大的抛售压力，成交量极度萎缩。而且股价还可以受到场内停留资金的推动作用而继续上涨，因此没有持股的股民可以买入股票。

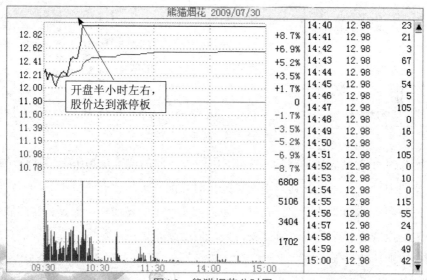

图4.3　熊猫烟花分时图

图4.4所示为熊猫烟花日K线图。图中箭头指向位置是上图中分时图所在的日K线，从图中可以看到，早盘放量涨停这个分时图形态出现在盘整行情刚刚突破之后，因此是一个很有利的买入点。后市在此后继续向上拉高，多个交易日出现向上跳空的形态，而且连续出现了好几个涨停板，股民一定可以获得不菲的收入。

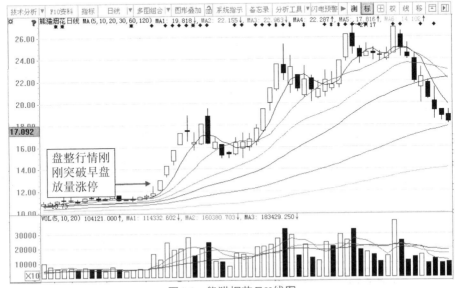

图4.4　熊猫烟花日K线图

4.1.4　操作策略

当股民在分时图中遇到早盘地量涨停这种现象，应该看看该股的K线图，如果股价没有达到市场的高位，而是仅仅在市场的中部或者盘整的后期，那么应该立刻挂出买单，而且买入的数量尽量多，因为此时的买入信号是比较强烈的。

反之，如果股价已经出现了一定程度的涨幅，达到了较高的价位，而且之前已经多次出现早盘地量涨停这种行情，这很有可能是主力即将出货的最后一步拉升，目的是吸引更多的跟风者买入，而做到出货更加容易。

另外，此种形态要求涨停板要在前一天封住，如果股价触及涨停板而后继续回落是不能算作此形态的。图4.5所示为振华重工分时图。从图中可以看到，股价在开盘后不久，便快速冲击到涨停板的位置，但是并没有全天封死在涨停板，而是又快速打开，此后股价开始横盘震荡。因此股民不能认定此分时图为早盘地量涨停形态，不仅该形态不是上涨的信号，往往还是股价价格下跌的信号。因为庄家往往利用此形态来蒙蔽交易者进场,完成出货的操作。

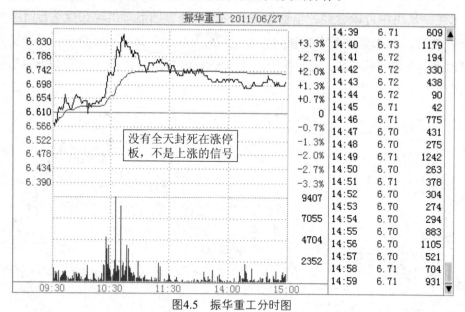

图4.5　振华重工分时图

4.2　尾盘放量涨停

所谓尾盘放量涨停,也就是说股价在10:00之前都比较低迷,或者股价波动的幅度较小,而成交量也比较萎缩。但是在10:00之后,直至10:30之后,股价突然向上拉升至涨停板,而在确定之后,成交量又快速萎缩。全天的成交量只有在涨停板附近,出现了明显的增大迹象。

4.2.1　原理分析

如果某只股票出现尾盘放量涨停的走势,则一般是已经被庄家高度控盘。在开盘后,主力一般控制股价在很小的范围内波动,或者基本不参与操作,让散户在那里自行交易,只是在股价将要突破某些关键的支撑位或阻力位时,主力才进行干预。因为该股的绝大部分筹码已经被主力控制,而主力又不进场操作,因此股价会始终在一个比较窄的范围之内震荡,而成交量也比较低迷。即使大盘指数出现了明显的上涨,如果主力不进场拉升,该只股票也会依然处于低迷的走势之中。

这样，一些投资者可能会放弃对该股票的选择，而转入考虑其他股票的分析当中。这时主力会在收盘前快速对股价进行拉升，使投资者感到措手不及。

利用此方法，主力可以避免更多的散户进场。因为散户看到全天股价都比较低迷，因此不会再对该股票做出更多的分析，甚至有的投资者已经不再盯盘。而主力正是利用了散户的这种心理，在尾盘的时候将股价快速上拉，此时成交量也出现了明显的放大。此时的成交量放大并不是大量的散户进场交易导致的，而是主力自己对倒产生的成交量。当主力将股价迅速拉升至涨停板的位置时，成交量会快速萎缩，因为也没有更多的抛盘出现，主力可以牢牢地控制整个盘面。

4.2.2 市场含义

突然出现放量涨停的行情，一般都是主力快速拉升的行为导致的。但是也有时会是主力故意采用这种方式来引诱投资者入场，而主力完成出货的目的。

此形态可以有上涨和下跌两种含义，而作为普通交易者来说，如果想要正确地进行分析，就需要看此时的股价位于整个行情的什么位置。如果股价刚刚脱离市场的底部，或者阶段性的底部，再或者是股价在上升的途中，这都是主力开始拉升的表示，后市将延续这种上涨的行情。

而如果股价已经处于较高位置，此前已经有了大幅的上涨空间，那么投资者就要引起足够的重视，这时入场是比较危险的，很有可能是主力在故意引诱投资者入场接盘，是为了主力真正的出货。此时下跌的风险是较大的。

在市场高位出现这种走势时，成交量也会给出一个明显的信号。就是在股价拉升之前，成交量不是极度低迷的，而是出现有时增大有时间缩小的交替形态。股价在达到涨停板后，成交量也很少会极度萎缩，而是持续出现放大，这也证实了主力在利用高价位出货的推断。

4.2.3 实例解析

图4.6所示为江苏吴中分时图。从图中可以看到，股价在开盘后就处于窄幅的震荡行情，全天基本上波动较小。但是在收盘前半小时左右，股价突然向上拉升，直至涨停的位置，成交量也从整天的低迷状态快速增大。股价在达到涨停板之后，成交量又快速萎缩至先前的低迷状态。这很明显是主力正在快速地拉升股价，因此是典型的尾盘放量涨停形态。

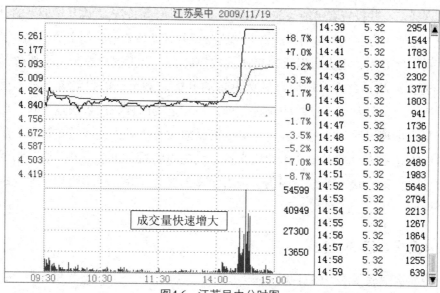

图4.6 江苏吴中分时图

对于该形态是标志着股价能够上涨，还是主力在出货，很重要的因素是股价目前所处的位置。图4.7所示为江苏吴中日K线图。图中箭头指向的位置就是分时图所在的日K线。尽管此前股价已经有了不小的涨幅，但是在股价进入盘整行情之后，此大阳线的出现标志着股价已经走出了盘整区域，依然能够向上继续推进，因此给投资者一个买入信号的。

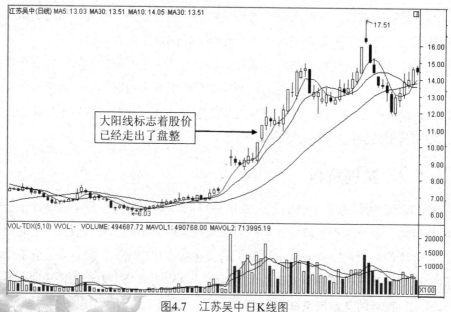

图4.7 江苏吴中日K线图

图4.8所示为山煤国际分时图。从图中可以看到，股价在全天都处于窄幅震荡之内，而成交量也比较低迷。在收盘前1分钟左右，股价突然向上拉升至涨停，而成交量也出现了明显的放量。很明显，这种行情走势是庄家主力一手操纵的，采用这种做法的目的就是要欺骗交易者进入市场交易，主力要进行出货了。

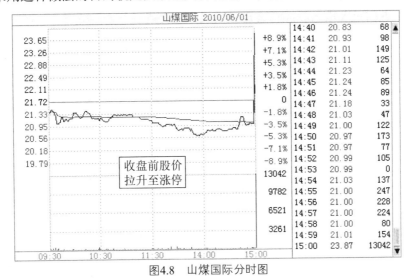

图4.8　山煤国际分时图

图4.9所示为山煤国际日K线图。从图中可以看到，主力将要出货的结论得到了很好的印证。图中箭头指向位置是分时图所在的日K线位置，而此后股价便开始一路狂跌。

图4.9　山煤国际日K线图

图4.10所示为鹏博士分时图，从图中可以看到，股价快速上冲后，最终达到涨停板的位置。但是成交量却提醒此形态是比较危险的买入信号，因为股价在达到涨停板以后，成交量不仅没有萎缩，而且比没有达到涨停板之前要增大很多。这说明在股价达到涨停板之后，市场中已经出现了大量的抛盘，很有可能是主力在出货，此时绝不能根据此形态再做出买入的决策。

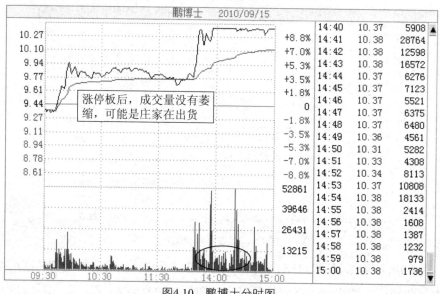

图4.10　鹏博士分时图

4.2.4　操作策略

当尾盘出现放量涨停的形态之后，股民应该查看一下K线图，看看股票是否位于高位，是否之前已经有了较大的涨幅。如果股价没有达到高位，而是市场的底部或者拉升的途中，则可以在股价涨停的瞬间立刻挂入买单。因为下一个交易日很可能就出现向上跳空的形态，所以此时买入可以获得更大的获利空间。

当股价达到涨停后，股民可以不必等待在下一个交易日买入股票，否则一旦股价在下一个交易日出现大幅跳空高开就会使买入价格更高，因此股民可以在涨停板挂入买入单。只要涨停板稍被打开，挂单就有可能成交，股民也就可以以较低的价格买进股票。

4.3 阶梯式放量

在股市中，股价不可能每个交易日都达到涨停的。没有达到涨停板的交易日是更多的情况，而此时就要注意成交量的变化。如果股价在分时图中如上台阶一样一步一涨，每上一个台阶就会有一定的停顿时间，而后再继续向上拉升，如此反复，就形成了阶级式向上拉升。而股价在向上拉升时，成交量会突然放大，而在台阶进行休整时，成交量又会出现萎缩，成交量也呈现阶梯式的放量状态。

4.3.1 原理分析

当股价刚刚从底部向上拉升，或者股价已经处于上涨的走势中，在分时图中经常可以看到股价是以震荡的形式向上攀升的。在股价反复拉升的过程中，股价一般是始终在某一价位周围震荡。这是主力为了避免更多的散户积极入场而进行的拉升方式。当股价拉升一小段距离之后，出现了明显的盘整停顿过程，而没有入场的投资者可能还怕股价不会继续上扬而不敢入场，已入场的交易者则很有可能看到股价停滞不前而选择出场。

股价每次向上冲高，都会有较大的多头推动作用，因此成交量会迅速放大。在达到某一价位后，股价就会停滞不前，成交量也会出现明显的萎缩状态。因此纵观整个走势行情，股价是以有规律的阶梯式的形态向上攀升的，股价的中心在不断地向上移动，而成交量也是阶梯式的放量来配合股价的上涨与停顿。

4.3.2 市场含义

这种形态一般也是主力故意制造的一种形态，尽管没有直线拉升的涨停，但也是主力按照事先预定的计划在拉升股价。从分时图中可以看到，股价的运行规律是每次上涨幅度在一个台阶的水平停顿一下，进行一定时间的休整，而后再继续向上攀登高峰。整个过程就如同爬楼梯一样，这说明主力向上拉升股价是非常坚决的。后市很有可能会继续向上攀升，因此这就是交易者买入的良好时机。

如果股价已将运行至高位时，再出现这种阶梯式的上涨状态，就有一定的风险了。庄家可能会用此种形态来吸引交易者入场，以达到自己顺利出货的目的。但是这种情况会在盘面上留下一些痕迹，比如成交量在股价拉升的过程中不会大量的萎缩，而是出现增大的迹象，因为主力要在这个时机分批出货。

4.3.3 实例解析

图4.11所示为青岛双星分时图。从图中可以看到，这是一个明显的阶梯式放量过程。股价是经向上攀爬台阶的形式拉升的，而每次股价在拉升时成交量都明显地增大，在股价停顿休整时成交量缩小。这就说明，主力向上拉升的决心是非常坚定的，因此股民可以在此时买入股票。

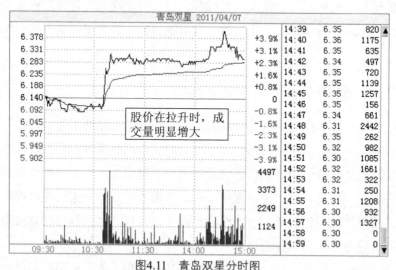

图4.11 青岛双星分时图

图4.12所示为*ST金马分时图。从图中可以看到，尽管股价是以台阶式向上拉升的，但是股价在停顿时，成交量没有明显的缩小。这就说明在股价休整时场中有大量的抛盘出现，因此很有可能是主力在出货。

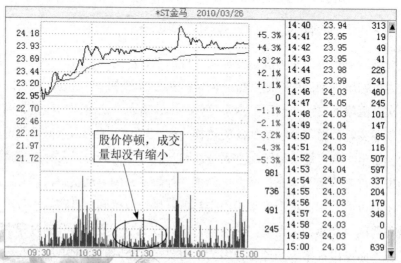

图4.12 *ST金马分时图

这就需要投资者再结合K线图进行分析。图4.13所示为*ST金马日K线图。从图中可以看到，该形态出现的位置较高，此前股价已经有了不小的涨幅，在分时图中成交量没有出现明显缩小的走势，因此应该可以判定股价将要见顶。从日K线图可以看到，这种推断得到了验证，股价很快达到顶部，此后股价便一路下滑。

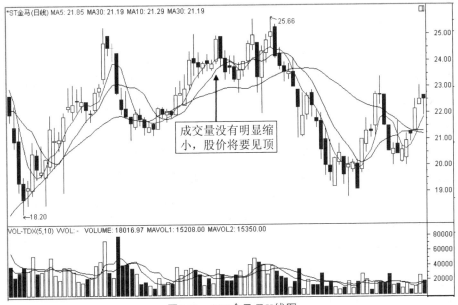

图4.13　*ST金马日K线图

4.3.4　操作策略

对于普通交易者来说，遇到此种情况，应该及时判断出股价所在的位置。如果股价没有出现在市场的高位，而是处于上涨的初期或者上涨的中期，则只要股价在停顿的过程中成交量没有明显的增大，就可以买入股票。

而如果股价在震荡的过程中或者等待继续上扬的过程中，成交量并不出现明显的缩小，那么保守型的交易者可以不要急于入场。因为这很有可能是主力在出货。投资者可以先观察一下股价的近期走势再做决定。

如果投资者拿不准此时庄家是否开始出货，可以用两个办法来衡量：第一，如果股价上涨的幅度有限，则庄家不会出场，因为没有达到庄家预定的获利目标；第二，如果成交量在股价盘整时没有萎缩，则说明庄家有可能出货，因为此时已经有人在大量卖出股票。这两方面只要有一方面存在就是庄家出货的信号，投资者就可以选择出场观望。

4.4 早盘放量冲高回落

早盘放量冲高回落这种走势是股市中最常见的走势，它是指股价在开盘后快速拉升，这很有可能是被机构大额的买单拉开导致的。但是在开盘后30分钟或者15分钟后，股价便快速回落，成交量也明显萎缩。

4.4.1 原理分析

早盘放量冲高回落这种形态一般出现在市场的顶部，是主力故意制造的一种行为。股价往往受到主力的强大推动作用快速重构，甚至股价位列于涨幅排行榜的前列，因为主力需要以此来达到吸引散户的目的，以使更多的散户入场接住主力的抛盘。

在开盘后，主力常常采用对倒的形式将股价快速向上拉升，此时成交量可以出现快速放大的走势。而实际上，这是主力自己导演策划的，并不是有大量的多头入场造成的。但是场外的交易者会受到此现象的蒙蔽，看到股价在上涨，而且成交量也出现放大的走势来配合，就会认为股价的上涨是真实的，后市会继续上扬，从而进场纷纷接盘。

但是在股价快速重构以后，便会出现明显的回落，一般会始终沿着分时线上下震荡。在整个过程中，成交量会出现忽大忽小的走势，而不会出现明显的放量，否则主力出货的目的就会被更多的散户识别。而股价在整个的震荡过程中，也不会出现大幅的波动，以免投资者识破庄家的出货目的。而这种正常的走势，又可以吸引到场外的一些投资者逢低吸纳股票，因此可以更好地帮助主力出货。

4.4.2 市场含义

当这种走势出现以后，在很大程度上是主力在出货。而很多的主力会在开盘后迅速把股价拉至涨停板的位置，这样会使投资者很热情地进场交易，此后股价便开始回落。即使达到涨停板，也会从涨停板的位置被打开，上下开始震荡，而在整个震荡的过程中，主力会将手中的筹码逐步地转移给散户。因此这种情况下股民千万不要进场交易。

但是，在上涨的初期如果遇到此种现象，则有可能是主力在进行洗盘。因此洗盘的震荡行情的结束，后市将进入拉升阶段。

4.4.3 实例解析

图4.14所示为新农开发分时图。从图中可以看到,股价在开盘后便一路上冲,但是不久便开始下滑,而且在分时线以下反复震荡。成交量在开盘后急速放大,之后又明显地萎缩。可以看到,成交量开盘后的急速上冲是主力对倒行为导致的,成交量的放大也不是散户大量的买入所为,而是主力一手导演的,因此后市还有可能会开始暴跌。

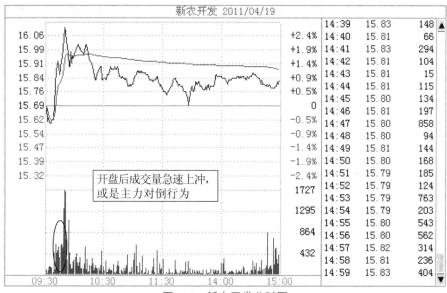

图4.14 新农开发分时图

图4.15所示为深华发A分时图。从图中可以看到,在开盘后以直线上行的方式向上拉升股价,而成交量也出现了明显的放大迹象。此后股价便一路下滑,直至收盘结束,成交量也在股价下滑时出现了明显的萎缩。由此可以看到,股价的快速上冲是主力一手导演和策划的,因此散户在此时千万不能被庄家欺骗而进场做多。

图4.16所示的深华发A日K线图。从图中可以看到,股价在快速上冲的时候,曾经达到了一个很高的高点,但是股价在快速上冲后开始回落,一直延续到收盘时,K线图中也留下了长长的上影线。因此通过K线图和分时图结合分析可以判断:短暂的反弹行情已经结束,主力将继续开始出货,而股价也将延续原有的下跌趋势。

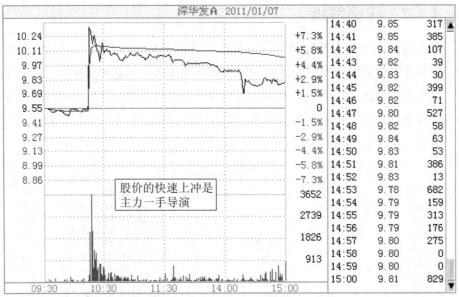

图4.15 深华发A分时图

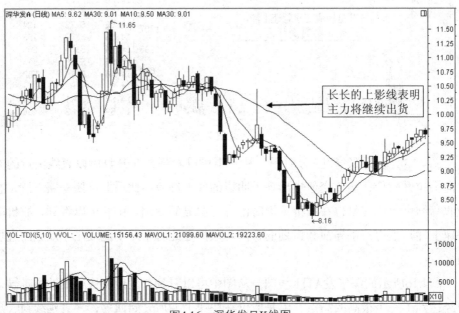

图4.16 深华发日K线图

4.4.4 操作策略

如果交易者看到此种类型的成交量行情,则应该及时地查看日K线图,看看股价是否已经位于高价位。如果股价在高价位出现此种走势,则应该果断出局。

没有进场的交易者应该考虑选择其他股票来进行分析。

而如果股价位于上涨的初期，则股民还可以考虑进行交易。因为这有可能是主力在进行试盘，如果股价在震荡下行结束之后，投资者可以考虑股价出现明显的上升信号后买入股票。

一般而言，主力在高位出货和主力在拉升过程中的洗盘都会出现此种走势，如果投资者把握不准可以等待明确的信号出现后再进场交易。例如，股价在冲高回落后如果没有明确的阳线或者一些技术指标发出的买入信号，是可以不进场交易的。

第5章 市场筑底的量价分析

通过成交量和股价的相互配合,可以判断出未来股价是否已经走出底部区域,还是依然会在底部区域徘徊。而庄家在底部吸纳筹码的一举一动,都可以从成交量上体现出来。

由于庄家建仓的方式多样,因此在市场筑底阶段也不会是相同的量价关系。下面将介绍几种常见的底部量价关系。

5.1 无量止跌

当股价经过长时间的下跌之后,成交量如果出现极度低迷的现象,则有可能是结束下跌行情的信号,或是反弹的行情,甚至可能是反转行情。

5.1.1 原理分析

股价见顶后,开始逐步下跌,行情也结束了原有的上涨行情进入到下跌之列。此后,下跌速度会逐渐加快,因为空头的动能开始逐步体现。而在整个的下跌过程中,最初的卖出是获利盘回吐造成的,其次是割肉止损出场的交易者卖出股票造成的,最后是恐慌性的抛盘蜂拥出现,至此所有的动能已经濒于释放完毕。

此时股价依然处于下跌的趋势中,因此场外的交易者不会急于买入股票,而依然会选择继续等待。而场中的交易者已经几乎全部出场,停留在市场中的少部分持有者,也是一支最为坚定的交易者,即使股价再下跌较大的幅度,这些交易者也宁可亏损也不出场。因此不会有太大的买卖交易,成交量也会出现比较萎缩的态势。

这时,由于没有更大的抛盘出现,下跌的幅度开始发生变化。这时如果场中有一两笔较大的买单,都可以将股价轻松地向上推高。

图5.1所示为东方宾馆周K线图。股价从12.35元的高位开始下跌,直至2.15元,跌幅已经超过80%。而成交量也从高位的放量逐渐萎缩,当股价运行到底部时,从图上可以看到成交量十分低迷。这也就说明在此时抛盘已经全部完成,只要有少量的买单就可以成功地向上推升股价。因此,目光锐利的交易者会选择在此时进场。

图5.1 东方宾馆周K线图

5.1.2 市场含义

当出现无量止跌形态之后,并不意味着后市会立刻上涨,因为股价常常要在底部徘徊良久,这种形态只能说明底部已经形成。但是构建底部还需要一个较长的时间。因此作为长线交易者可以在此时入场,而中短线交易者可能需要再等待一些时机,以免进场过早。

当市场底部有相当数量的阳线出现,而且阳线基本上可以超过阴线,说明市场的底部已经够艰难的。此时的成交量也会逐渐地出现增大迹象,因此是中短线交易者一个良好的买入点,后市将出现一轮明显的上涨行情。

图5.2所示为山煤国际周K线图。从图中可以看到,伴随着股价的下跌,成交量也逐渐萎缩。股价接近市场底部4.30元左右后,成交量是极度低迷的。此时也就说明股价已经到达了市场的底部。股价并没有在底部迅速向上反弹,而是数根K线在此盘整了很久。因为该K线图的时间周期为周,所以可以看到股价在整个的盘整过程中持续了数月之久。因此中短线交易者如果看到无量止跌形态立刻进场,则有可能需要在场中等待几个交易月的时间。

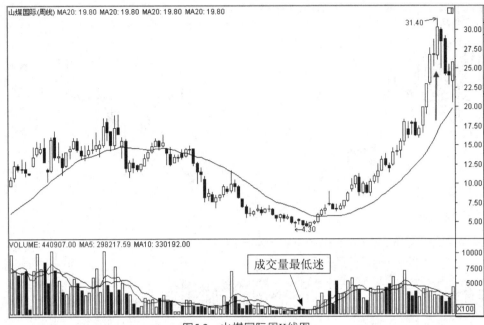

图5.2　山煤国际周K线图

5.1.3　实例解析

图5.3所示为大治特钢周K线图。从图中可以看到，股价在接近市场的底部已经出现了无量止跌的行情。这说明此时做空能量已经衰竭，尽管股价依然处于下跌状态，但此时的下跌也是强弩之末，未来的下跌空间不会再有很大，市场已经到达了底部附近。股价在持续几个交易周的小幅下挫之后，突然在底部快速上扬，而没有在底部多做停留。因此，在市场的底部附近买入股票的交易者，即使出现亏损也是暂时的。

图5.4所示为东方电气周K线图。从图中可以看到，股价从市场底部一路下滑，当出现无量止跌形态后，股价仅仅是出现了4~5个交易周的短暂反弹。此后便又进入到了下跌通道中，因此投资者如果在无量止跌这种情况出现后直接进场，应该意识到这种反弹有可能是短暂的，也有可能是行情的反转。但是一旦股价在快速升高后快速回落，就应该果断地卖出。

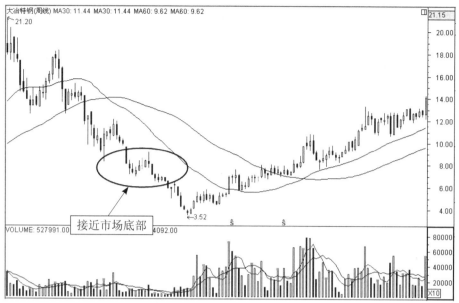

图5.3 大冶特钢周K线图

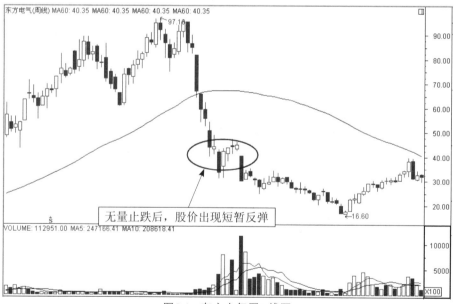

图5.4 东方电气周K线图

5.1.4 操作策略

如果走出无量止跌形态，股民不要马上进入市场，而应该等到股价企稳之后再买入股票。当买入之后，投资者心中要有一个信念就是股价有可能反转，但是更多的行情是短暂的反弹,因此要做好快速出场的准备。

图5.5所示为华电国际日K线图。从图中可以看到,无量止跌形态引发了一个短暂的反弹行情,尽管行情持续的时间较短,但是也有一定的上涨幅度,对于中短线交易者来说也有不小的利润空间。但是如果投资者在看到无量止跌形态之后,认定股价会从下跌状态进入上涨行情,就会判断失误。

一般情况来说,如果空头打压的能量很强,无量止跌经常引发反弹行情而不是反转行情,市场要在几次无量止跌引发反弹行情后才会转入上涨行情。

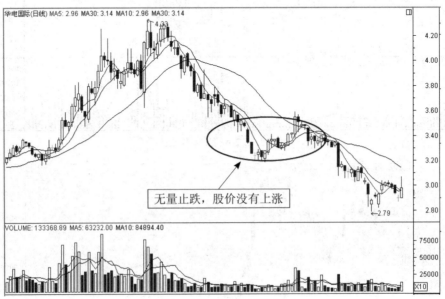

图5.5 华电国际日K线图

5.2 温和放量

温和放量也是在市场底部经常出现的一种成交量形态,它表明参与交易的人在逐渐增加,原有的做空力量逐步向做多力量转化,因此成交量会出现逐步增大的迹象。此种情况一般预示着股价将出现反弹行情,甚至还有可能出现反转行情,因此是一个较为积极的入场信号。

5.2.1 原理分析

一般股价在剧烈的暴跌后,场中大抛盘已经全部出售,经过深幅的下跌,停留在场中的交易者必定会有巨大的亏损,但是他们即使看到股价继续下跌一般也不会再卖出股票。此时由于做空的能量逐步释放,下跌的空间也变得更加有限,成交量出现比较低迷的迹象。

此时一些激进的交易者会在较低的价位买入股票,由于买盘的介入,股价会被小幅提升,成交量也会从低迷状态转为小幅震荡。而场外的交易者看到股价小幅上扬或者停滞下跌,成交量在小幅拉升,也会纷纷进入场内进行抄底。而后成交量呈温和放量,当越来越多的散户和主力加入到做多的大军当中时,股价便会强势上涨,甚至出现反转的行情。

图5.6所示为山煤国际周K线图。股价在市场的底部,成交量出现温和放量,而行情也开始出现上涨。这就说明做空的能量已逐步释放完毕,而做多的能量在逐步增加。

图5.6 山煤国际周K线图

5.2.2 市场含义

当股价在市场底部出现温和放量的行情后,表明股价下跌的趋势已经得到阻止,做多的热情开始激发。因此股价之后很有可能会出现反转,而且一般反转的行情是比较迅猛的。但是股民也应该考虑到一些突发的因素,比如突然出现一些利空的消息就有可能将反转行情扼杀在摇篮当中。

一般来说，当温和放量出现以后，股民可以积极地介入，以获得丰厚的回报。如果此后股价缓步上扬，但是上涨的幅度不大，股民千万不能心急，因为后市将出现更大的上涨行情，此时缓步拉升只是从底部开始向上拉升的一个暂时过程。

图5.7所示为贵州茅台周K线图。从图中可以看到，当市场底部出现的温和放量形态之后，股价止住了下跌的脚步开始上扬。此后股价开始以波浪式向上延伸，尽管每次都出现一定程度的回调，但是回调的低点并没有超过前次低点，因此可以认定是底部较为强劲的反转行情。

根据经验，无论中短期交易者还是长线交易者，在看到温和放量情况下都可以买入股票，从而可以谋求很大的利润空间。

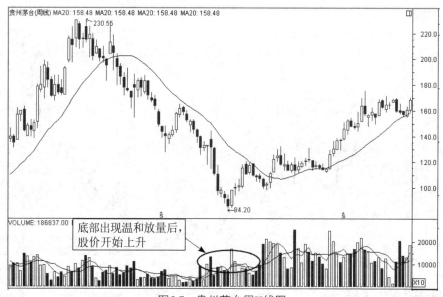

图5.7　贵州茅台周K线图

5.2.3　实例解析

图5.8所示为生意宝周K线图。股价在下跌的末期，成交量出现了萎缩的迹象；这就说明做空的力量已经开始减少。但是据此还不能完全肯定股价将要反转，因为还没有证据表明多头的能量在迅速增加。在市场底部，成交量出现温和放量形态之后，就说明多头的能量已经开始逐渐增加，进场的多头数量开始增多，股价会受到场外资金流入的影响开始上扬。因此此时买入股票不仅可以获得一个较低的价位，而且可靠性非常大。

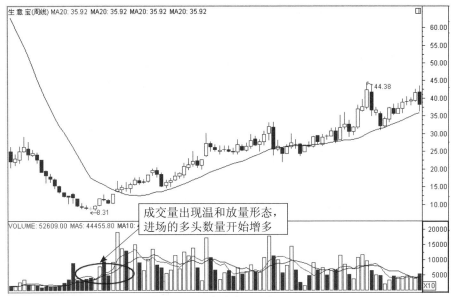

图5.8 生意宝周K线图

图5.9所示为山东黄金60分钟K线图。股价在市场的底部出现了明显的盘整行情,说明多空双方在此时已经开始殊死搏斗,场外的资金没有明显增加,而场中也没有更大的抛盘出现。因此多空双方在此时力量均等,价格也会在此徘徊不定。当成交量出现温和放量形态之后,表明场外的资金开始逐渐流入,后市将会结束原有的盘整行情,并且会稳步地向上拉升股价。

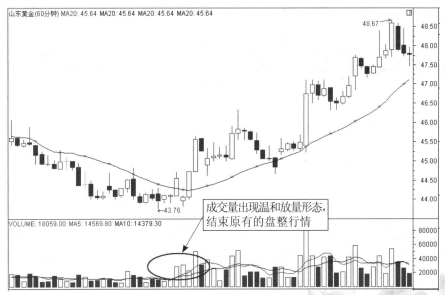

图5.9 山东黄金60分钟K线图

第5章 市场筑底的量价分析

图5.10所示为双良节能日K线图。市场底部成交量给出了温和放量的形态，股价也开始缓慢上扬。但是入场的交易者可能会发现，股价上涨的幅度并不大，K线图中出现了一连串的实力较小的阳线，实际上这是主力在开始拉升股价时的故意行为导致的。因为主力不愿过快地拉升股价，以免引起更多的交易者入场跟风。为了避免散户识别主力的意图，主力故意缓慢拉升股价，而且在此时还积极地吸纳股票，为以后更快地拉升做准备。所以此时入场的交易者不必心急，而没有入场的交易者可以趁此时股价没有大幅上涨快速入场，因为一般情况下，后市将出现快速的上升。

图5.10　双良节能日K线图

5.2.4　操作策略

对于交易者来说，只要股价在经历暴跌之后，在市场的底部出现任何放量形态都可以买入股票，但是这个前提是股价必须有很深的跌幅，而且成交量在温和放量之后，股价也要有小幅上扬。当符合条件时，交易者进场就可以长期持股，因为此时往往是在市场上涨行情中最低价附近。如果上涨行情持续的时间很长，持续的时间长达数月或数年之久，而长期持股可以获得整个上涨行情的全部利润。

5.3 巨量

在市场底部有时会出现股价大幅上涨的情况，而成交量也会出现巨量。在K线图中可以看到，伴随着巨量的产生，一根大阳线可能会向上吞没数根阴线，而成交量也会出现一个高高的柱状体，比之前的成交量柱状线会高出许多倍。

5.3.1 原理分析

当股价从高位开始下跌之后，随着下跌的深入，卖压会逐渐减轻，下跌的脚步也会逐渐变化。当股价达到市场底部时，成交量会出现萎缩状态，但是萎缩的幅度不是巨大的。当底部构建完毕之后，某一天盘中会出现巨量，这天放出的成交量会是前一天的数倍，股价也会出现大幅度的上涨。

当然，有时底部出现巨量时，股价不一定大涨，这完全取决于主力的操作。如果主力控盘程度较高，则会通过对倒的方式提高成交量来吸引投资者入场。而如果主力达不到绝对控盘，则会以向上拉升的方式来拉动成交量，此时股价就会出现小幅的上扬或者大幅的上涨。但是不论哪种情况，巨量的出现都意味着股价已经接近了市场的底部。

5.3.2 市场含义

股价在经过长时间的暴跌之后，如果出现巨量形态就说明有庄家介入，而且在开始试盘，目的是要测试上方是否有强大的做空动力，因此股价在巨量出现后不会立刻上涨。因为庄家在操控某只股票时，也要观察一下场外资金的情况，一级市场中某些重要点位是否有强大的阻力。如果庄家认为上方的阻力较小，而场外跟风的热情较高，则说明市场中普遍对股价到达底部形成共识，最后可能会出现向上拉升的走势。

但是如果主力发现上方阻力较强，则说明还没有达到完全控盘的程度，而且场外资金也不可能源源不断地流入场内，因此庄家会继续洗盘，导致股价依然下跌，后市在一定程度上就不会立刻上涨。

有时主力还要选择在下跌过程中建仓，因此如果股价出现巨量，但是并没有形成底部的含义，则说明主力依然还要吸纳筹码，股价还有一段较长的下跌空间。

图5.11所示为实达集团日K线图。股价在市场的底部，成交量出现了巨量情况。而K线也出现了一个向上跳空的大阳线，而且到达了涨停的位置。这便是主

力在测试上方的压力和场外的跟风情况。此后股价在回落到前期低点附近受到支撑，主力才继续向上拉升。

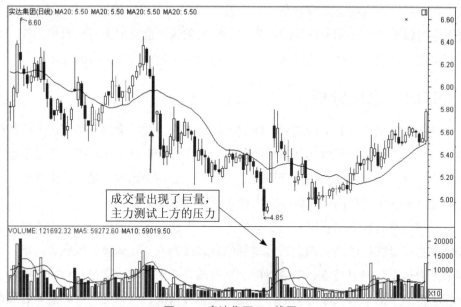

图5.11　实达集团日K线图

图5.12所示为深高速日K线图。股价在突然出现的大幅高开之后，成交量出现了一个巨量形态。但是由于股价快速上扬，此后一般会有一个下调的过程。

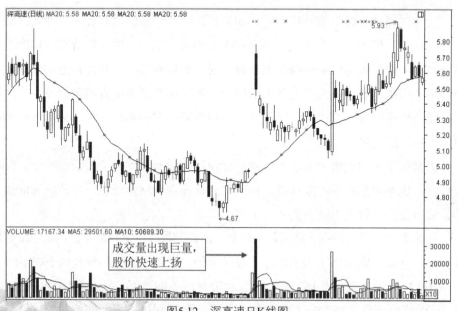

图5.12　深高速日K线图

5.3.3 实例解析

图5.13所示为上海机场日K线图。当市场底部巨量的形态出现后，主力完成了试盘的操作。此后股价开始稳步地向上推进，结束了原有的下跌行情。

图5.13　上海机场日K线图

图5.14所示为万泽股份周K线图。当巨量形态出现后，股价经过了短暂的盘整后开始继续上扬。这说明主力已经完成试盘工作，开始了拉升之路，因此股民可以稳定地向上买入。

图5.14　万泽股份周K线图

5.3.4 操作策略

当巨量形态出现后,股民不要轻易地立刻进场,应该及时分析此时成交量的突然增大是何种原因造成的。急于交易的交易者,可以等待巨量形态出现后观察股价的走势,如果股价出现回调,可以买入股票。因为如果股价快速上扬,后市即使出现上涨行情,也先有一波较大的回调过程。

图5.15所示为上实发展日K线图。从图中可以看到,当成交量出现巨量之后,股价出现了盘整行情。但是此后并没有转入上涨行情而是进入到下跌状态,因此投资者在遇到巨量形态后不能盲目进场,应该等待股价有了明显的上涨信号之后再进行操作。

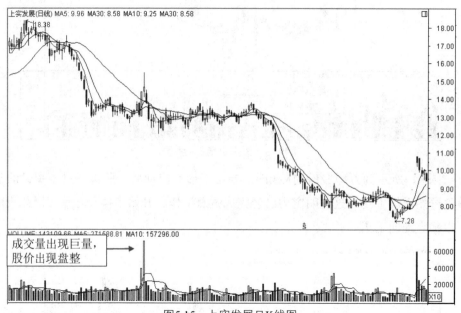

图5.15　上实发展日K线图

5.4　成交量下挫后的放量

成交量下挫的放量是指成交量在底部出现的一种形态,股价在暴跌之后进入底部区间,而这个区间的前半部分成成交量会出现非常低迷的状态,当股价小幅上涨再下跌之后,成交量却比之前增大。这就预示着场外的资金已经进入市场,但是股民由于股价下跌过程形成的恐慌心理还没有消失殆尽,因此买入的数量并不是很多，股价如果想出现反转还需要持续一段时间。

5.4.1 原理分析

股价在长时间的下跌后，成交量也会出现逐步萎缩的迹象，说明做空的势力已经逐步衰退。当股价在市场底部开始缓慢止跌后，股价也会出现小幅震荡的行情。尽管上涨的幅度不大，但是在K线图中也可以看到横盘筑底或者小幅上涨的筑底形态。无论哪种筑底形态出现，成交量都会出现萎缩的迹象，此后成交量会随着股价的小幅上扬而出现温和放大的迹象。这说明场外的投资者已经看到市场有可能会直接反弹，开始陆陆续续地进场买入股票准备抄底。

图5.16所示为雅戈尔月K线图。从图中可以看到，股价在市场底部经过了漫长的盘整过程，整个盘整过程持续了数月之久。而在盘整的前期，成交量是比较低迷的，说明此时做空的动能已经衰减，场中的抛盘几乎不会再增加。而在盘整后期，成交量出现了温和的放量形态，说明场外投资者看到股价似乎可以止跌，因此已经开始少量的进场做多。放量的成交量形态，就代表了空头正在向多头转化。

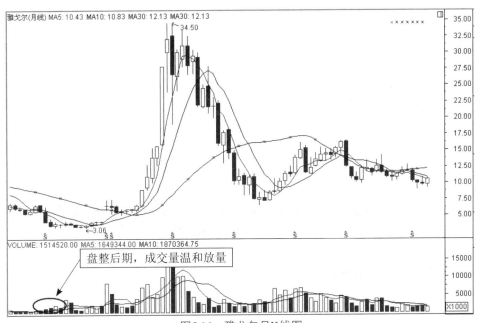

图5.16 雅戈尔月K线图

5.4.2 市场含义

市场的底部出现成交量先缩小后放量的形态之后，预示着市场已经从之前的冷清状态逐渐回暖,成交量的缓步增大是主力已经开始建仓的表现。但是由于之前下跌的时间太长,不会突然有多的买单出现,因此股价大规模向上反弹的概率不大。

但是对于中长线交易者来说,此时可以买入股票,积极地建仓,而买入价是整个未来上涨行情的最低价。对于短线交易的来说,还需要等待一定的时间股价才可以快速地上扬,此时不宜过早地进入市场。

图5.17所示为启明信息日K线图。从图中可以看到,尽管是在市场底部成交量出现了先缩量后放大的迹象,但是股价在市场底部并没有立刻反转,而是经历了很长的一个盘整过程。因此短线交易者应该等待有明显的上涨信号时再进入市场,以免等待过长的时间。

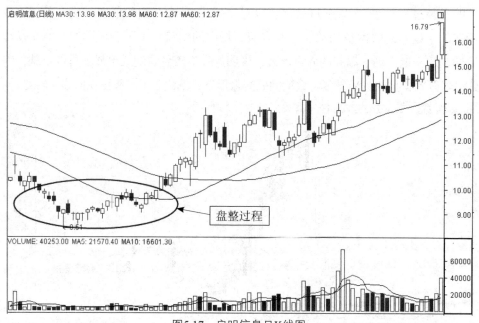

图5.17　启明信息日K线图

5.4.3　实例解析

图5.18所示为太极集团60分钟K线图。股价在经历了漫长的下跌之后,逐渐达到了市场的最低价,而成交量也出现了萎缩的迹象。此后股价开始小幅盘整,尽管上涨与下跌的幅度区间并不大,但是成交量却有了逐步增大的迹象。这说明有一定的场外资金已经开始流入市场,在这些积极入场的多头推动下,股价得以出现向上的反转行情。

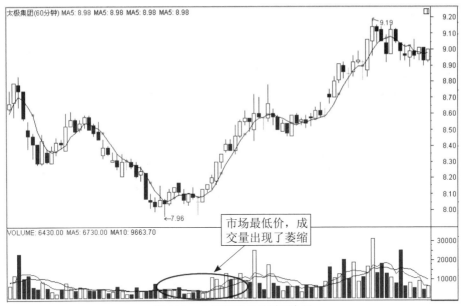

图5.18 太极集团60分钟K线图

图5.19所示为建发股份60分钟K线图。此例中,股价在市场底部并没有出现盘整行情,而是有一个小幅的震荡行情,但是成交量伴随着震荡行情也出现了先缩小后增大的迹象,这说明多头已经开始壮大队伍。尤其是回调的行情并没有超过前期低点,说明未来将出现大幅的反弹行情。

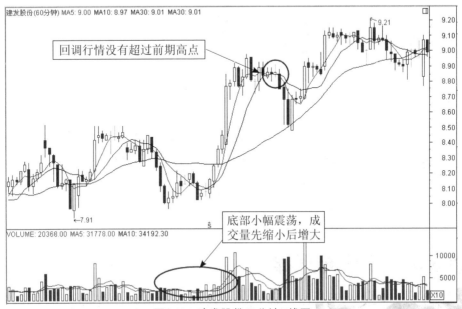

图5.19 建发股份60分钟K线图

5.4.4 操作策略

在出现成交量先缩小后增大的形态后,股民不要盲目地进行操作,而是要仔细观察,此时股价是否已经经历了暴跌的行情,是否已经在底部处于震荡或者横盘整理的行情中。而且最重要的是,如果选择进场,要等待市场给出明确的进场信号。

图5.20所示为建发股份60分钟K线图。股价没有到达底部,就已经出现了成交量萎缩的迹象,但是股价并没有停住脚步,而是缓慢地继续下跌。尽管不久成交量就出现了缓慢的增大现象,而且股价也开始止跌,但是过早进场的交易者需要等待很长的时间,因为股价在市场底部也徘徊了许久。实际上到箭头指向的一个大阳线出现后,才是中短线交易者良好的买入点。因为这说明多头的能量已经积攒到一定程度,并且开始爆发,能够将股价向上大幅度的提升。

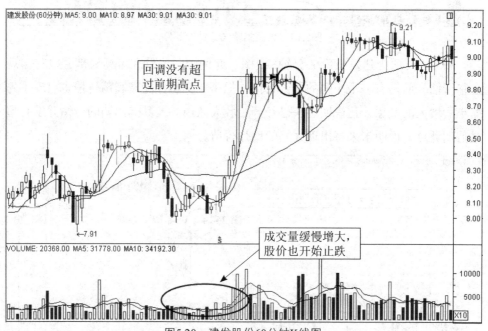

图5.20 建发股份60分钟K线图

5.5 放量无规律

有时候,股价在运行到市场底部时,成交量会出现毫无规律的现象。有时成交量偏大，有时成交量又偏小，毫无规律可循。此种形态标志着什么呢？股民是否可以买入股票呢？下面将进行详细的分析。

5.5.1 原理分析

股价在大幅下挫之后，有一些人会认为股价很低，可能会买入股票。但有些人会认为价格还处于较高的价位，未来还有一轮不小的跌幅，因此可能不会急于买入股票，而是持币观望。这时多空双方对后市的看法就会出现严重的分歧，而在走势图中可以看到反复出现股价上涨与下挫交替出现的局面，成交量也会出现忽大忽小的迹象。

其实，这种情况很多时候是由于主力在相互交战导致的。有的主力想在此点位建仓，而有的主力正想出售股票买入其他股票，因此主力之间的较量就造成了价格的大幅度波动，而成交量也随较量出现不规则的局面。

当然，还有一种情况是由于突然增多的短线交易者导致的。因为股价在运行到某一阶段时，一些短线交易者会纷纷看好市场出现的暂时的价位，因此会集中进场，导致成交量突然放大。但是短线交易者在场中不会停留太多的时间，因此在有了较小的利润后就会瞬间出场，而成交量也会在出场后突然萎缩。

5.5.2 市场含义

无论股价是在下跌的中途还是已经有了较深的跌幅之后出现无规则的成交量，都不能说明股价开始进入反弹行情。如果股价处于超长期间的下跌之后，则有可能是反转的行情。但是一般情况下，出现无规则的放量只能代表主力或者短线交易者频繁操作，大多数情况下是新一轮下跌的开始。

图5.21所示为中国银行日K线图。从图中可以看到，股价在4.95元开始下跌，在下跌了近两个月左右，股价开始了强劲的向上反弹。而此时成交量反复震荡，忽大忽小，股价也是大起大落。这说明多空交易者在此价位有严重的分歧，有些交易者会认为股价经历了两月暴跌的行情开始反弹，而有的交易者会认为未来还有较深的跌幅，因此导致了股价和成交量的大幅波动。此时并不利于交易者进场交易，急于交易的交易者可以等待震荡结束后，观看未来具体的走势行情再做出决策。

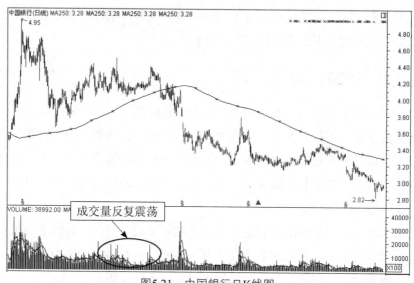

图5.21 中国银行日K线图

5.5.3 实例解析

图5.22所示为生意宝日K线图。从图中可以看到，股价在进入市场底部之后，成交量出现了极不规则的迹象。而股价表现也不规律，日K线图中出现了阴线与阳线交错的迹象，整个上涨的行情并不十分迅速。这说明尽管空头的力量在减少，但是也没有大量的资金开始推动股价。因此股价在底部只能小幅震荡，只有主力足以吸纳够筹码之后才会开始拉升。此时投资者不应该过早地进场等待。

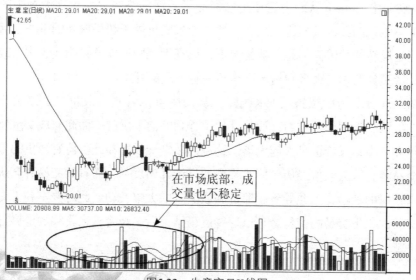

图5.22 生意宝日K线图

图5.23所示为农产品60分钟K线图。股价在市场的底部，停留了几个交易日进行盘整。在此期间，不仅股价上下波动的幅度较小，而且成交量也出现了忽大忽小毫无规律的迹象。这说明主力还没有完全吸纳够筹码，没有达到绝对控盘的底部，因此还不可能快速地向上拉升。

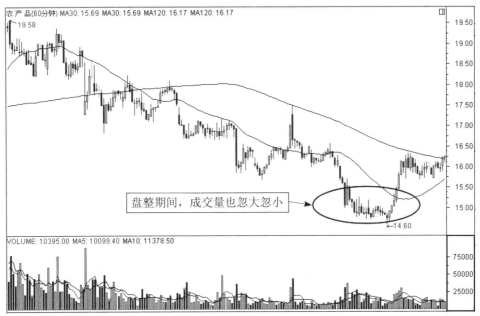

图5.23　农产品60分钟K线图

5.5.4　操作策略

股价在市场的底部出现无规则的放量之后，如果股价处于横盘的走势，则股民应该密切关注，尽量不要过早地进场交易。

图5.24所示为山煤国际日K线图。股价在市场底部出现了连续数周的盘整行情，而且在盘整期间，股价上下波动的幅度很小，成交量却出现了忽大忽小的迹象。这说明主力还没有达到足够的筹码，因此交易者不能急于进场。此时还不能预测主力何时能够完成建仓工作，要等到真正的拉升开始后，阳线实体有了放大，股民再进场交易也不晚。

如果股价在筑底过程中，出现了比较宽幅的震荡，而成交量此时出现无规则的放量，则股民可以等待股价突破震荡行情的上限时，果断地买入股票。

图5.25所示为尖峰集团周K线图。此例中，股价在市场底部出现了较为宽幅的上下震荡行情。而成交量也在此期间忽大忽小，这说明多空双方分歧较大。

当一根大阳线向上击穿了反弹的高位时，就意味着股价已经走出震荡行情，并可以向上快速拉升，最终是多头战胜了空头。因此股民也就迎来了买入的良好时机。

图5.24 山煤国际日K线图

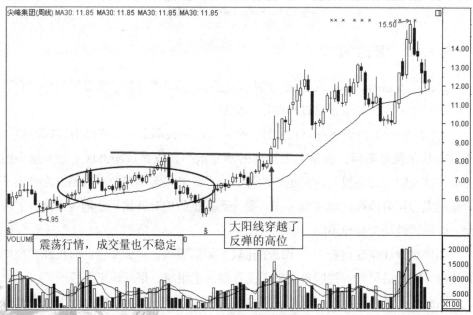

图5.25 尖峰集团周K线图

5.6 大阳线加巨量

股价在上涨中和运行到市场的底部，突然出现一根大阳线，而成交量出现巨量形态与其配合，则后市还有可能是一个比较强劲的上涨行情。一般此种情况多见于盘整后期，多头开始向上大幅拉升之时。股民如果能够及时买入股票，可以赶上迅速上扬的行情。

5.6.1 原理分析

股价在市场底部经过长时间的筑底后，主力可能已经吸纳了一定的筹码。主力再上拉股价之时需要测试控盘的程度以及场内压力和场外跟风的情况，因此常常会拉高股价，而成交量也在拉升之时会出现明显的放大。

图5.26所示为广汇股份日K线图。股价在回调结束后，继续向上拉升。而此时成交量出现巨量，而K线图上也走出了一根大阳线。

图5.26 广汇股份日K线图

5.6.2 市场含义

在底部如果出现巨大的成交量加上大阳线，则证明该股已经有庄家介入，而且主力已经对该股进行了长时间的建仓活动，此时的操作正好是洗盘过程。主力通过试盘，如果认定市场中的压力较小，就会快速地向上拉升。

图5.27所示为万泽股份周K线图。股价在市场的底部经历了小幅的盘整，此后成交量突然出现巨量，而股价也开始大幅向上拉升，出现一根大的阳线。这说明主力已吸纳好了筹码，开始试探性地拉升，如果未来盘中没有大幅的阻力，就会进入拉升过程。

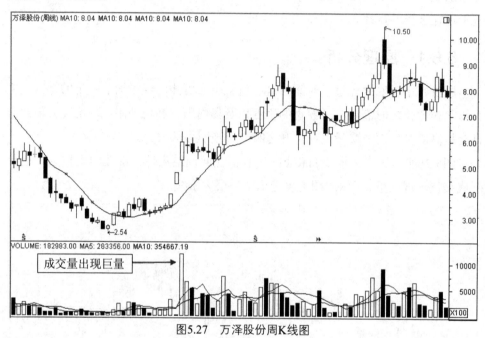

图5.27　万泽股份周K线图

5.6.3　实例解析

图5.28所示为山东黄金60分钟K线图。当一根大阳线向上突破盘整行情时，成交量给出了巨量的特征，这说明多头已经开始积攒了足够的能量，有能力走出盘整区域。

图5.29所示为合肥三洋周K线图。从图中可以看到，尽管股价在底部出现了巨量的成交量，股价也有了大幅度拉升，但是在此后股价并没有继续上行，而是继续原有的上下震荡行情。这说明主力通过试盘发现，场外跟风的资金不足，或者场内还有过大的压力，因此没有立刻进入拉升过程。主力将在未来进行几次试盘的活动，才会在最终确认可以拉升时结束试盘工作。

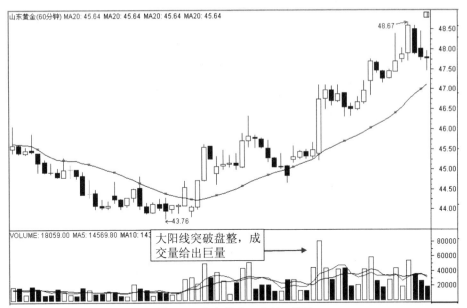

图5.28　山东黄金60分钟K线图

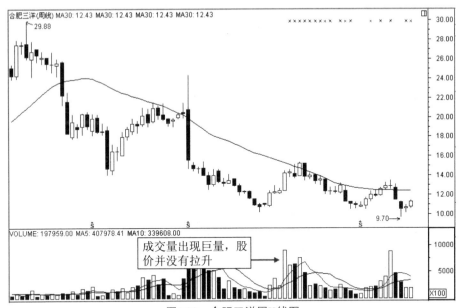

图5.29　合肥三洋周K线图

5.6.4　操作策略

一般来说，如果股价在市场的底部出现一个交易日的巨量，很有可能是主力在进行试盘。而主力在此后是否能够确认可以拉升是一个未知数，因此投资者应该尽量避免过早地入场。

如果股价已经在市场底部很长时间,此时出现大阳线加上巨量的形态,则有可能是主力开始向上发力,股民可以少量地介入市场。

图5.30所示为青岛啤酒周K线图。图中箭头指向的位置是一个巨量的成交量,此时K线图中也出现了一根大的阳线,但是股价并没有由此开始上涨。因为此前市场中没有太多的筑底时间,股价到达底部的证据并不充分。而且,主力通过这一次的向上试盘,是因为不能够确定是否可以向上拉升。因此未来还会进入下跌的趋势,投资者在此时不应该进场。

而当股价真正运行到市场的底部以后,股价在市场的底部停留了多个交易日的盘整,而此时成交量也给出了巨量形态,这种巨量加上大阳线的形态可以使投资者做出买入的决策,这种买入的决策风险是比较小的。

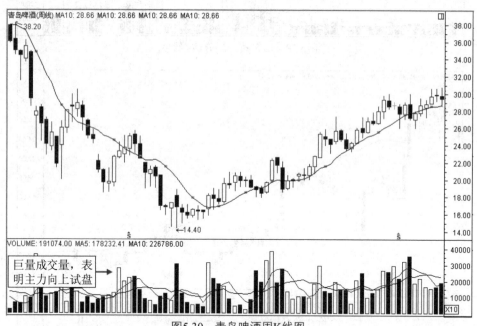

图5.30 青岛啤酒周K线图

5.7 间断性放量

间断性放量就是股价在市场底部,成交量明显增大。该放量过程成交量并不是依次递增的,而是出现了不规则的成交量,但是总体上成交量是增大的。这种间断性的放量是否说明多头的推动能力不足呢？下面将进行详细的分析。

5.7.1 原理分析

当某只股票暴跌之后，就会引起一些长线交易者的关注，尤其股价在十分低时，主力以及长线投资交易者会在此处纷纷解囊。当庄家吸纳了足够的筹码之后，就会准备向上拉升。而在拉升之前肯定会采取试盘的做法来测试场中和场外对此股的关注程度。

而重要的是拉升的方法，一般多是自己对倒拉升，因此股价就会小幅上扬。在拉升一段距离之后，庄家又会大幅试盘，因此股价就会大幅回落。成交量也会出现反复增大和萎缩的迹象，因此此种成交量形态实际上是庄家一手策划和导演的。

5.7.2 市场含义

在市场的底部附近，由于主力已经介入，因此股价基本上获得了支撑。尽管走势可能不会立刻上扬，但是成交量出现阶段性的放量，就说明主力已经开始试盘，而试盘的前提就是建仓工作已经将近结束。但是主力是否会快速向上拉升股价，还要取决于测试的结果。如果主力对测试的结果不满意，就还会进行多次试盘；如果主力认为场中的抛盘压力很小，就会快速地向上拉升。

5.7.3 实例解析

图5.31所示为青岛啤酒周K线图。从图中也可以看到，股价在市场的底部附近，成交量出现了间断性放量。但是成交量突然放大，说明主力在采取对倒促使拉升，而此后成交量又出现萎缩，股价却几乎停滞不前，这说明主力在进行打压。当整改措施结束后，主力开始缓慢地向上拉升股价，股价基本上沿着10日均线向上移动。

图5.32所示为荣华实业周K线图。股价从市场底部进入到了盘整行情，而在盘整末期出现了一根阳线，成交量也出现了放大。但是此后的成交量出现了间断性的形态，实际上这正是主力在蓄势待发，等待一鼓作气向上大幅拉升。因此股民在遇到盘整后出现的此种形态，应该及时考虑快速进入市场，黑马往往就在这其中。

图5.31 青岛啤酒周K线图

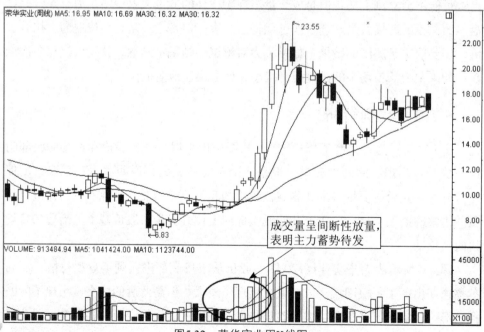

图5.32 荣华实业周K线图

108 成交量：典型股票分析全程图解

5.7.4 操作策略

如果股价在市场底部,出现了不规则的阶段性发展状态,则有可能是庄家在试盘。这就说明,主力已经基本上吸纳了大部分的筹码,未来上涨的行情已经不远。但是别直接入场,必须要确定市场已经到达底部。如果是下跌的中部出现此种形态,则不能过早地进入。

图5.33所示为彩虹股份日K线图。尽管成交量也出现了间断性放量,但是此时的股价处于下跌趋势,这从均线的形态上可以认定。因为K线在此时依然是向下倾斜的,这就说明股价没有进入筑底的盘整行情中。整体上股价是向下倾斜移动的,并不是在一个水平曲线上的震动,因此未来还有很长的下跌之路,投资者千万不能在此时入场。

图5.33 彩虹股份日K线图

只要股价在市场的底部横盘了许久,或者在一个区间内上下振动几次之后,出现了阶段性放量,则股民可以立即进场,未来很有可能就是大规模的直线上涨。因为此时庄家已经进行了多次试盘,离未来的拉升之路不再遥远。

图5.34所示为生意宝周K线图。股价在市场的底部,出现了间断性放量形态,因此可以认定未来上涨的概率是十分大的,股民可以毫不犹豫地在此时入场。从后市也可以看到,此形态出现后结束了原有的下跌行情,股价在短暂的小幅回调后开始一路高涨,短时间内股价几乎上涨了近5倍。

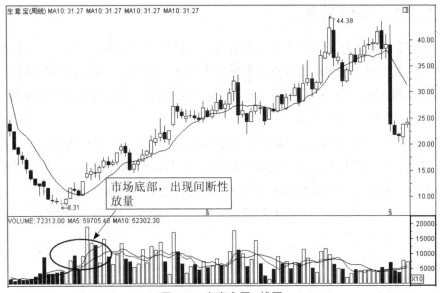

图5.34 生意宝周K线图

图5.35所示联创光电周K线图。股价在运行到底部以后，进行了小幅的震荡行情，成交量也出现了萎缩。此时从均线系统可以发现，三条均线均已开始走平和掉头向上，说明原有的趋势已经得到放缓，因此主力在经过试盘以后，很快就会向上大幅拉升。从后市看到，此后股价便一直沿着10日移动平均线向上移动。

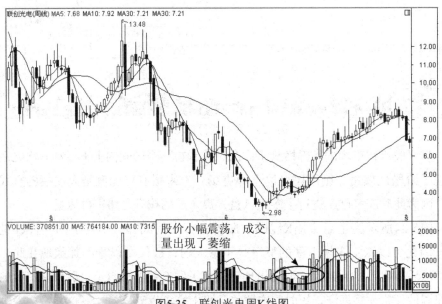

图5.35 联创光电周K线图

5.8 缩量上涨

缩量上涨形态是指股价在市场的底部之后收出了阳线，但是成交量却没有增大而是萎缩，而且最后几个的交易日中都没有明显的放大行情，股价却在不断地向上攀升。

5.8.1 原理分析

当股价进行了长时间的暴跌之后，空头的力量将逐步被释放出来，成交量必定会出现萎缩。此时由于股价过低，必定会有一部分激进的交易者入场抄底。尽管进场的数量很小，但是由于抛盘很小，上涨的阻力很小，因此入市的这一小部分资金就能够推动股价小幅上扬，成交量却不会出现明显的增大迹象。

另外一种情况就是庄家控盘导致的缩量上涨出现。因为股价在不断下跌过程中，庄家会逐步稳定地吸纳筹码，并且随着下跌的深入，建仓工作也宣布告罄。在整个建仓过程中，散户一般是很难从成交量上发现庄家介入的，因为庄家不会在吸纳筹码时让成交量显著放大，暴露自己的行动。当主力完成高度控盘之后，盘中的剩余筹码就会变得越来越小，而大部分筹码都被庄家牢牢控制住。这时，只要庄家在主动地买入一些筹码，股价就会出现小幅度上扬，但是成交量是不会增大的。

5.8.2 市场含义

当股价出现缩量上涨的形态之后，如果前期有了大幅度下跌，那么此时很有可能就已经达到市场底部。股民可以在此时积极地参与交易。如果此前下跌的行情不大，此时就很有可能是在下跌的途中，这种情况是股民不愿割肉出场导致的，而后市必将延续原有的下跌趋势。

因为股价从顶部下跌一段时间以后，肯定会有一部分交易者被套牢在市场顶部，但是有的交易者不愿意认赔出场，而是硬要停留在市场中等着解套。因此场中的抛盘减少，成交量也就会萎缩。此时股价并不是过低，场外的资金想进行交易，但是又惧怕点位过高而不敢贸然进场，因此买方的动能也不足，整体成交量不会增大。当股价出现小幅上扬之后，一些被套牢的资金可能会赶紧出场解套。

这样，尽管股价在小幅上扬，成交量却在萎缩，但是整个下跌过程并不会因为抛盘的增多而改变。

5.8.3 实例解析

图5.36所示为万泽股份周K线图。从图中可以看到，股价在2.54元达到最低点，此后小幅上扬，成交量却出现了萎缩的迹象。此时的均线已经开始走平，因此可以认定底部已经到来，未来的上涨行情不会遥远。从图中也可以看到，随后股价便以向上跳空涨停的方式拉起了上升之路。

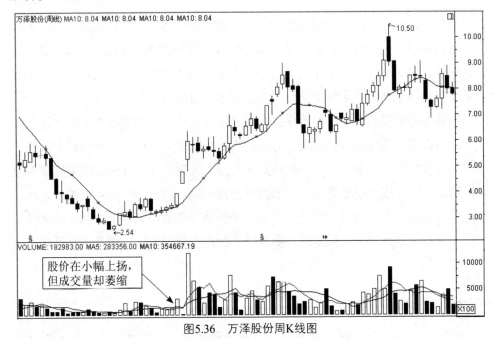

图5.36 万泽股份周K线图

图5.37所示为青岛啤酒周K线图。股价在市场底部停留了多个交易周，此后开始小幅上扬，成交量却在逐渐地萎缩。这说明股价的上涨是主力在小幅推动，而成交量的萎缩也是主力刻意隐瞒自己的拉升行为导致的。

图5.37 青岛啤酒周K线图

5.8.4 操作策略

如果缩量上涨的形态出现在市场的底部,股民可以毫不犹豫地买进股票。因为此时主力将开始试探性地向上拉升,而不会再进行大量的洗盘工作。未来可能会大幅度上涨,仅仅是时间的早晚问题。但是如果此种形态是在股价下跌行情中,则在没有明显的止跌信号出现前,最好还是保持观望的态度。

图5.38所示为莱茵生物日K线图。股价在底部盘整了多个交易日,此后开始小幅拉升,成交量却在逐步萎缩。此时长期均线都已经开始走平,因此投资者可以认定是一个市场的底部,而不是下跌的行情当中。未来必然会出现上涨行情,仅仅是时间早晚的问题。因此投资者可以毫不犹豫地进场交易。

图5.39所示为成发科技60分钟K线图。尽管股价在向上反弹的行情当中,成交量也出现了缩量的迹象,但是此时股价下跌的幅度还不大,没有处于下跌的底部,而是处于下跌的途中。因此在没有明显的止跌信号前,不能认定股价会马上出现反转。此时的反弹行情已很有可能是昙花一现,未来还会沿着原有的下跌趋势运行。

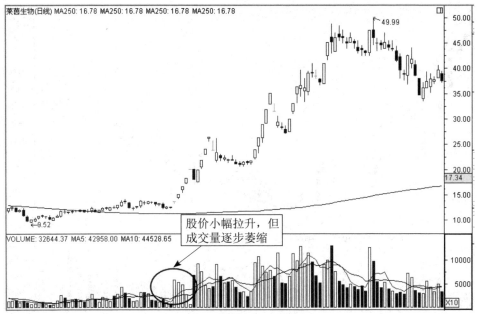

图5.38 莱茵生物日K线图

图5.39 成发科技60分钟K线图

5.9 开盘缩量涨停

有时股民在市场底部可以看到,股价突然向上拉升直至涨停板,但是成交量却相当低迷,这就是股价在开盘后出现的缩量涨停情况。很多人会认为这是上涨乏力的表现,因为没有成交量来支持。但是真实的情况是什么呢,下面将进行介绍。

5.9.1 原理分析

股价在大幅冲高之后,做空能量在逐步衰退,因此下跌的脚步也在放缓,并进入行情的底部。在漫长的筑底过程中,许多个股会出现窄幅震荡的走势,但是不会出现宽幅震荡。该K线图中的实体会非常小,而均线也基本出现缠绕黏合的状态。在某一天,庄家经过底部吸筹之后已经拥有了大量的筹码,此时场中的浮动筹码已经较少,而庄家只需利用少量的资金就可以将股价封在涨停板上。如果加上利好消息的刺激,则已持股的散户也不会再卖出股票。但是此时股价的上涨很大程度上是有庄家少量买入造成的,因此成交量不会明显增大。

5.9.2 市场含义

在市场底部出现此形态就说明该股已经被庄家牢牢地控制住。庄家可以轻易地将其拉至涨停板的位置,因此股民可以立即进入市场并一直持有,未来将出现快速拉升的走势。

对于想要跟庄交易的投资者来说,这种就是有庄家介入的个股,而且庄家控盘的程度很深,能够让股价达到涨停板的时候没有散户买入,因为近乎全部的筹码都在庄家手中,散户想要买入也找不到卖出者。但是散户依然要在此形态出现后挂出买入的单子,只要能够成交,就可以获得无限的利润。

5.9.3 实例解析

图5.40所示为卧龙地产周K线图。股价在走出盘整区域之后,连续几个交易周都向上拉出了涨停,而成交量却突然萎缩。这说明该股已经被庄家牢牢地控制住,庄家的控盘能力不是一般的强大,因此未来会出现快速的上涨走势。

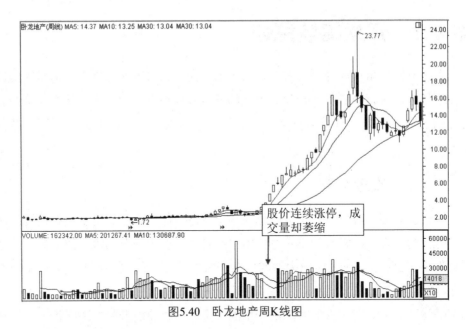

图5.40 卧龙地产周K线图

图5.41所示为山煤国际日K线图。股价在上涨的过程中进入到了盘整行情，而当一个涨停板向上突破了盘整趋势时，成交量却给出了缩小的走势。这说明主力已经牢牢地控制住整个局面，轻而易举地可以将股价向上拉升至涨停位置。因此后市主力还将延续原有的拉升趋势。只要没有明显的反转信号出现，散户可以一直持股的。

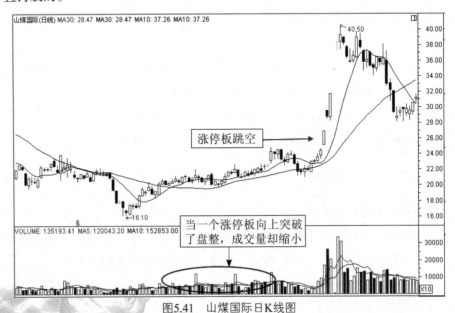

图5.41 山煤国际日K线图

5.9.4 操作策略

如果股民在市场底部遇到开盘后涨停缩量的走势，一般情况下都是主力在牢牢控盘所导致的，而且黑马常常就出现在这种走势中，因此股民可以毫不犹豫地进场进入。

5.10 放量价格不涨

有时股民在市场底部还可以看到这种情况，就是成交量在增大，但是股价却没有大幅度上涨，基本处于一个水平的波动范围之内。此时股民会感到一定的迷惑，不敢贸然的进场。其实这正是良好的买入时机。

5.10.1 原理分析

股价经过大幅下挫之后，已经运行到十分低的价位时，做空的能量也会逐步衰退，下跌速度减慢。由于场中的抛盘明显减少，因此成交量也会逐步地开始萎缩。

当股价在市场的底部进入到横盘震荡的走势中，成交量也都非常低迷。某个交易日股价放量冲高，但是在收盘后又回到开盘价附近，在K线图中就会留下长长的上影线，这就是一个放量价格不涨的新形态。

图5.42所示为生意宝周K线图。从图中可以看出，箭头指向的位置是一根长上影线的阳线，这说明股价在当时的交易日曾经一路上冲的高位，但是在收盘后又被打压到开盘价附近。尽管成交量出现了明显的增大，但是股价却没有大规模的上涨，而且此后几个交易日一直在此点位徘徊。

在分时图上依然可以看到放量价格不涨这种形态，图5.43所示为新农开发分时图。在开盘后一路上冲，但是在冲高后却快速下跌，而且在整个过程中还出现了放量的迹象。

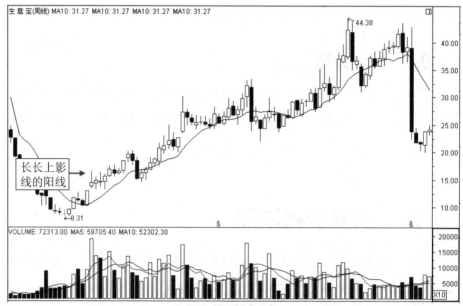

图5.42 生意宝周K线图

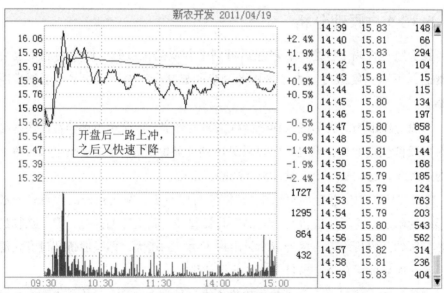

图5.43 新农开发分时图

5.10.2 市场含义

在市场的底部出现放量价格不涨的形态可能是有两种原因导致的。

第一，股价在大幅下挫后出现技术性反弹，一些短线的获利盘可能会兑现利润出场，因此成交量可能增大，但是股价却不会上涨。这种情况预示着后市将下跌。因为一旦短线获利盘兑现利润出去之后，股价将没有多头的能量推动，将会继续下跌。

第二，是主力进入市场导致的。由于主力在下跌过程中不断地吸收，随着建仓工作将近结束，股价也会出现止跌回升的走势。而主力为了在拉升前锁定盘中的筹码，则会采用对倒的手法大笔吃进自己抛出的筹码，形成放量价格不涨的走势。此种情况预示着后市将继续上涨的趋势。尽管主力有可能还会进行洗盘向下大幅打压股价，但是下跌的幅度一般不会很大，而且在小幅回调之后还会出现明显的上涨趋势。

5.10.3 实例解析

图5.44所示为开元投资60分钟K线图。箭头指向的一根阳K线，成交量明显增大，而K线图上留下了长长的上影线。此时是一个放量价格不涨的形态，从图中可以分析，此种情况明显是由于短线获利出局造成的。因为此时上影线已经达到了股价一个较强的阻力位，短线交易者会选择此时出场。因此当短线交易者出场后，没有多头能量推高，市场将继续原有的下跌趋势。

图5.44 开元投资60分钟K线图

图5.45所示为贵州茅台周K线图。图中箭头指向的K线是一根阴K线，它有长长的上影线，说明股价曾经一路冲高，但是在收盘前股价却收到了开盘价之下。而此时的放量价格不涨形态，可以判定是主力故意制造的。主力从底部开始拉升之后制造了此形态，此后便开始小幅地向下打压股价，进而完成主力对盘中筹码及场外跟风情况的测试。因此在试盘结束后，主力会进行拉升工作，投资者可以逢低吸纳筹码进场交易。

图5.45　贵州茅台周K线图

5.10.4　操作策略

股价在出现放量价格不涨形态之后，股民不要轻易入场，因为此后庄家一般会在此打压股价，使股价有一个回落的过程。股民可等价格回落时再买入股票，因为有时价格回落的幅度也是较大的，过早入场可能使买入价格过高。

图5.46所示为格力地产日K线图。从图中可以看到，股价在形成了放量价格不涨形态后，依然向下大幅度运行，这是主力故意制造的紧张气氛。因此在出现此形态后不应该着急进场，而是等待股价向下运行到一个较低的位置，再逢低进场是比较好的选择。

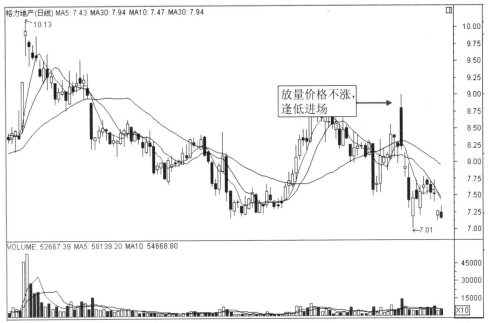

图5.46 格力地产日K线图

5.11 放量破位下行

如果股价在某一位置反复震荡之后,最终选择向下突破盘整区域,而且在突破后成交量明显增大,这就是放量破位下行走势。

5.11.1 原理分析

股价在经过一轮下跌之后,空头的力量将逐步被消化,下跌幅度也会减小,速度也会减慢,并会慢慢地出现止跌走稳的迹象。当股价在某一点位开始震荡整理之后,幅度与运行一般较小,因此很大程度上会出现窄幅横盘走势。成交量也在此时比较低迷,因为此时的交易者是十分冷静的。

经过盘整时间的休整之后,多空双方的力量都会有了些许的恢复。此时如果盘中出现了大量的卖单则股价便会迅速暴跌,走出原有的横盘行情。均线系统也会掉头向下,成交量在此时会突然增大。

图5.47所示为华夏银行日K线图。箭头指向了一根大阴线打破了原有的窄幅震荡行情,次日成交量明显放大,说明在整个的震荡行情中空头战胜了多头,股

价将继续大幅下跌。

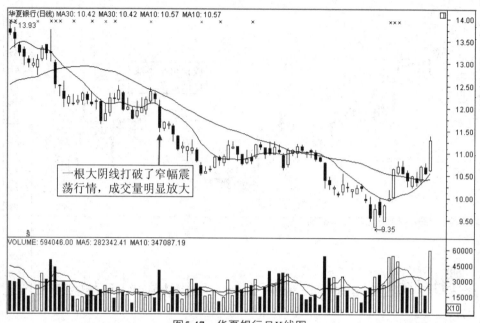

图5.47 华夏银行日K线图

5.11.2 市场含义

股价在横盘整理之后，突然放量向下破位，后市股票都会出现下跌的迹象，而且还有可能是暴跌趋势。因为在整个盘整的行情中，多空双方的战斗是以空头取得了最终的胜利而结束的。

当股价最终突破盘整区域后，不仅方向是向下运行，而且下跌的幅度还要明显增大，因为盘整区域空头并不急于卖出股票，股价相对稳定。但是一旦股价下行突破，则股民必定会争先恐后地出售股票，股价必定加速下跌。而股价的加速下跌又会引起新一轮的抛售，于是一个恶性循环出现了。

5.11.3 实例解析

图5.48所示为华夏银行日K线图。图中箭头指向的一根大阴线，使股价从盘整区域再次跌向无底的深渊。

图5.49所示为长城开发日K线图。从图中可以看到，股价的下跌过程是稳步向前推进的，因此每次都是在放量破位的大阴线出现时，股价走出盘整的区域，继续向下打压股价。

图5.48 华夏银行日K线图

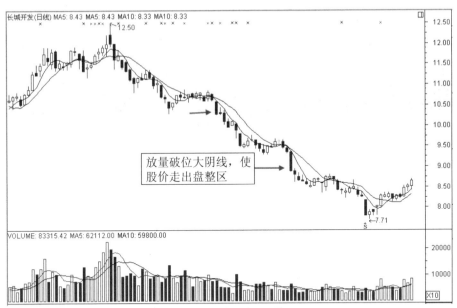

图5.49 长城开发日K线图

5.11.4 操作策略

当股价在盘整区域开始破位放量下行之后,股民应该尽快地出场。此前已经进场的交易者应该止损出场。因为未来的下跌之路还将会继续,股民可以等待股

第5章 市场筑底的量价分析 123

价在进入盘整行情,并有向上企稳运行的态势时再少量买入股票。

图5.50所示为新世界日K线图。从图中看到,这次股价在小幅震荡上行之后,都出现了成交量放大的行情。因此股民不能过早地进入市场,已经进场的交易者看到此种情形后应该快速出场。因为股价就是这样稳步地向下推进的,过早地入场会使自己牢牢地套在市场中,长期得不到出场的机会。

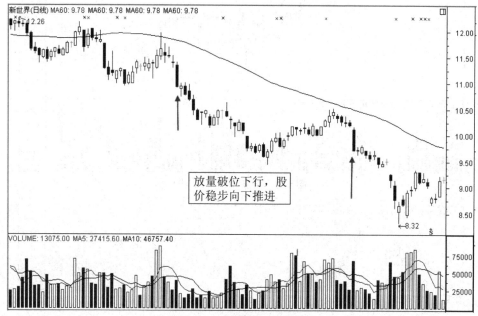

图5.50 新世界日K线图

第6章　上涨行情初期的量价关系

　　股价在从市场底部开始启动向上拉升时，成交量与股价的关系也与在底部时的关系不同。此时，在底部买入股票的交易者已经有了获利，但是也有一部分交易者在获利后便急匆匆地出场，而损失了后面的大部分利润。其实在此时，不仅不应该卖出股票，还应该积极地买入股票，让所获得的利润无限放大。

　　但是这一切都要以能够正确地识别上涨初期为前提，这点可以很好地通过成交量与价格走势的关系来加以确定。

6.1 逐步放量拉升

逐步放量形态是指股价在向上拉升的过程中成交量是逐步增长的,而不是毫无规律的时大时小。这种形态是比较稳健的,说明资金在源源不断地流入场中,向上的行情走势不会是昙花一现,股民可以放心地买入股票。

6.1.1 原理分析

当股价大幅下挫之后进入拉升阶段,多空双方也在此进行能量的转化,空头的能量得到释放,多头的能量在逐步积攒。此时的成交量是十分低迷的。而庄家开始建仓,股价将渐渐地脱离市场的底部。

当股价开始向上拉升时,先知先觉的股民就会跟进入场,成交量将小幅地增大。随着场外资金源源不断地流入,股价开始稳步地向上攀升,成交量也开始逐步地温和放量。

图6.1所示为利高新日K线图。在市场的低价附近,股价开始小幅盘整上扬,而成交量也出现了逐步放量形态,这说明场外的资金在稳定地流入市场,向上推升股价。

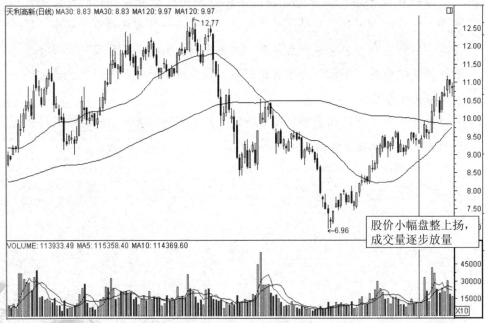

图6.1 天利高新日K线图

6.1.2 市场含义

当逐步放量形态出现后,就意味着后市将沿着原有的上涨趋势向上运行。但有时盘中会出现回调行情,这就为股民制造了良好的买入点,此时买入不仅价格低,而且还可以追逐到后面的上涨利润。

图6.2所示为太极实业日K线图。股价在上涨的初期,出现了逐步放量的形态。而在此期间股价也出现了小幅的下挫,但是都受到了均线的强有力支撑而继续上行,而在这些回调的位置均是合适的买入点。

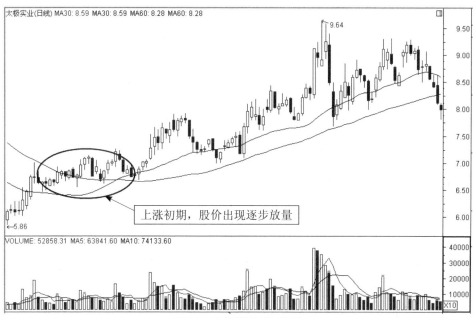

图6.2 太极实业日K线图

6.1.3 实例解析

图6.3所示为山煤国际周K线图。股价在上涨的初期,成交量配合出现了逐步放量的信号。这说明场外的多头正在稳定地进入市场,积极地向上推升股价,而股价也始终沿着短期均线向上移动。因此投资者可以在10日移动平均线附近买进股票。

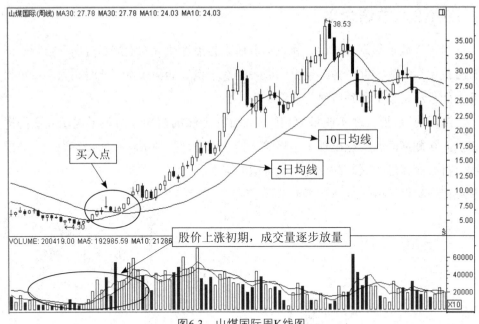

图6.3　山煤国际周K线图

6.1.4　操作策略

在上涨的初期出现逐步放量形态,一般可以给交易者提供买入信号。而且此时沿着原有的方向向上运行,尽管中间可能会出现回调,但是一般情况下回调的幅度不是很大。因此,投资者可以在中短期均线附近买入股票,而激进的交易者可以立刻跟进做多。

图6.4所示为中国联通周K线图。股价在触底后不久,成交量便出现了稳步增大的状态。此后沿着10日均线与5日均线向上移动,因此是比较稳定的买入信号。投资者可在5日均线和10日均线附近逢低买入股票并一直持有。在没有明显的反转迹象出现后,可以一直持股。

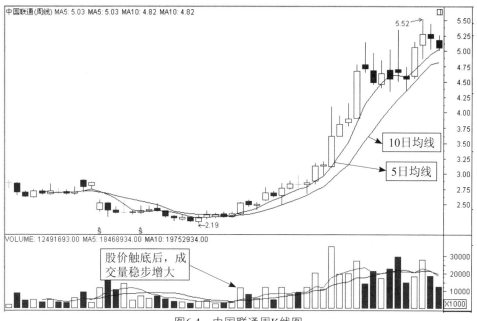

图6.4 中国联通周K线图

6.2 巨量拉升

巨量拉升是股价在经过一段时间的上涨之后迅速脱离市场的底部,而且是以直线上涨的形式出现的,成交量也出现了巨量的特点。这种走势与之前的温和放量有明显的区别,庄家会大力拉升来使股价快速脱离市场底部。

6.2.1 原理分析

股价在进入底部阶段,就会从原有的单边下跌行情转入盘整行情或者小幅的震荡行情,而成交量也会从底部的低迷状态逐渐增大。当股价脱离底部一段距离之后出现了明显的上升趋势,如果主力大幅向上拉升,则股价也会迅速上行,而场外的资金也会蜂拥而至,成交量便会迅速增大。

图6.5所示为中国联通周K线图。箭头指向的大阳线将股价从小幅上扬变成迅速上行,而成交量在此时也出现了放量的行情。这就说明多头已经开始向上发力,迅速地使股价走出底部。

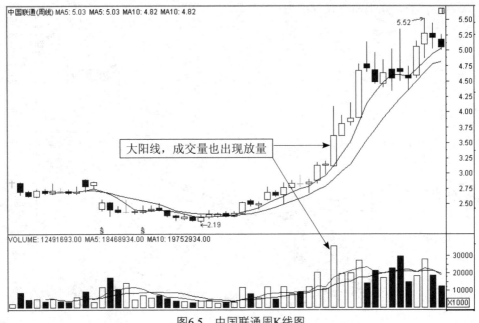

图6.5 中国联通周K线图

6.2.2 市场含义

当股价从底部逐渐上升，出现巨量拉升的形态后，就标志着多头的能量在逐渐地加强，而且在快速地向上发力推高股价，这也就代表了主力要快速拉升股价的决心。但是有时发现，在巨量拉升后几个交易日出现下跌，其实这正是主力进行洗盘操作导致的，因为当前快速地拉升必然会有一些跟风者入场，而主力要通过洗盘的方式清除掉这些跟风者。

图6.6所示为山煤国际周K线图。当图中出现巨量拉升的形态之后，后几个交易日出现了短暂的回调过程，其实这正是主力在故意洗盘，清除掉意志不坚定的跟风者。随后股价又开始了快速地拉升之旅，因为此时的跟风者大部分已被清除出场。

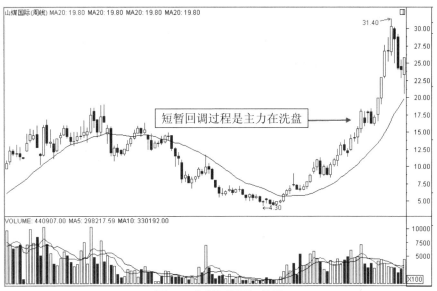

图6.6 山煤国际周K线图

6.2.3 实例解析

图6.7所示为山东黄金60分钟K线图。股价在运行到均线附近时,一个大阳线猛然向上冲击,而成交量也出现了巨量。正是受到巨量拉升的影响,股价走出了小幅的震荡行情,而后向更高的点位迈进。

图6.7 山东黄金60分钟K线图

图6.8所示为双良节能日K线图。股价在短暂的回调介入后开始上行，而从一个大阳线开始，放量使股价大幅向上拉升，此后股价摆脱了原有的小幅上涨趋势，而是以多个涨停板的形式向上推进。

图6.8 双良节能日K线图

6.2.4 操作策略

在股价上涨的过程中，突然出现了放量拉升的形态，一般说明主力很有可能会继续向上拉升。但是由于拉升的幅度较大，之后一般都会出现向下的回调行情，至少也要出现短暂的盘整行情。因此投资者可以不用急于进场，等待股价回落之后再做进场的决策。

图6.9所示为深高速日K线图。箭头指向的大阳线一举将股价向上大幅度提高，而成交量也急剧增大。但是由于上涨幅度过大，必然会出现回调的行情。因为在此时有一些交易者已经出场，这也会造成股价不会继续推升，因此股民可以逢低买入股票。

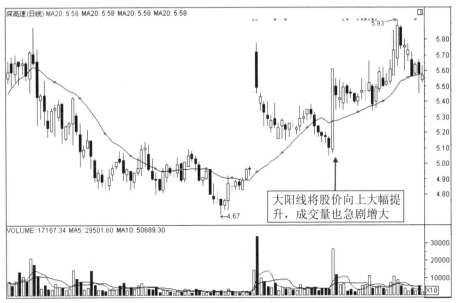

图6.9 深高速日K线图

6.3 涨停量在缩

如果股价从底部开始向上攀升,在拉升的同时达到了涨停的位置,但是成交量却不仅没有放量反而出现缩量,就形成涨停成交量萎缩的形态。

6.3.1 原理分析

股价在筑底以后,成交量会出现萎缩。此后由于多头积极介入,成交量也会逐渐增大,股价也会从下跌状态逐步转入上升的状态。这就是多空双方力量上的转化,这种趋势是必然的。

当股价上升到一定程度,出现横盘整理的走势,一些短线交易者在此时可能会选择出场。而庄家此时不仅可以清理一些意志不坚定的交易者,而且还可以继续吸纳筹码,使得控盘程度更高。此后,庄家可以让股价大幅高开甚至达到涨停的状态。但是由于大部分筹码已将被主力控制,因此成交量不会出现放量形态,而是会比较低迷的。

一般情况下,根据经验庄家会选择60日均线、120日均线附近开始快速拉升股票,直至涨停的位置。因为这些位置都是技术分析中的重要阻力位,庄家通过快速拉升达到涨停的位置,可以让更多的散户认为股价已经大幅上涨,突破了重要的阻力位置。由于这是主力一手导演的,更多的散户进场推动股价高升,但成交量不会出现增大的迹象,因此整体形成一个涨停板,成交量却在缩小的形态。

图6.10所示为开元投资60分钟K线图。股价在小幅回调之后,出现了一个涨停板,而此时的成交量却极度萎缩。因为庄家已经完全控盘,此前的回调行情已经达到了清除散户出场的目的。

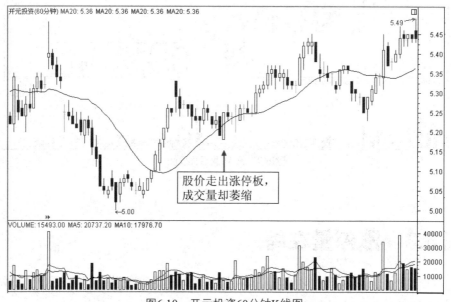

图6.10 开元投资60分钟K线图

6.3.2 市场含义

如果股价在上涨的过程中出现了涨停板成交量却萎缩时,就说明该股已经被庄家牢牢地锁住。而且庄家的控盘程度相当成功,未来必定会延续快速的上涨趋势。因此如果第二天没有达到涨停板,投资者应该迅速出场。

6.3.3 实例解析

图6.11所示为双良节能日K线图。股价出现涨停板时,成交量却在萎缩。因此股民可以在涨停板瞬间被打开时立即追入,未来还有很长的上涨之路。

图6.12所示为卧龙地产周K线图。股价在达到涨停板之后,成交量出现极度萎缩。而此后股价却在一路走高,因此跟进买入的股民可以获得较大的利润。

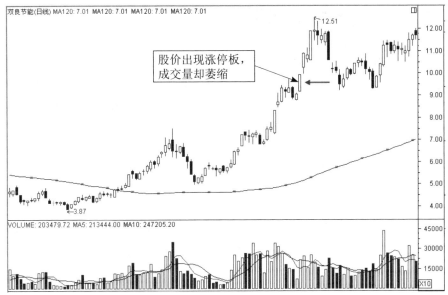

图6.11 双良节能日K线图

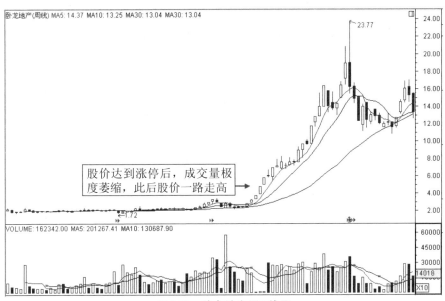

图6.12 卧龙地产周K线图

6.3.4 操作策略

一般来说，只要股价在上涨行情中遇到涨停而成交量却在萎缩的现象，则后市将会大幅拉升。因此股民可以在后几个交易日没有达到涨停时快速入场，以追逐后面上涨的高额利润。

6.4 放量冲高回落

股价在上涨的过程中,不可能每个交易日都能达到涨停。因此更多的时候是出现加速上涨,但是如果成交量伴随着股价的上涨出现放大,而股价在上升很快后又遇到阻力回落,就形成了具有长的上影线的K线。这种形态就称为放量冲高回落形态。

6.4.1 原理分析

当股价上扬的过程中,成交量不断增大,而股价也快速上扬。但是有一些短线交易者会因为获得暂时的利润而决定出场,一些抛盘可能使得股价暂时回落。市场中一些重要的阻力位也会压制股价继续上行,因此股价可能快速冲高后又继续下跌,留下长长的上影线。

而K线本身可以是阳线也可以是阴线。图6.13所示为深华发A分时图。股价在开盘后不久便快速冲高,但是此后全天的时间内都在震荡下行。在K线图上就会留下长长的上影线,而且在快速地冲高时成交量放大,因此形成了放量冲高回落的形态。

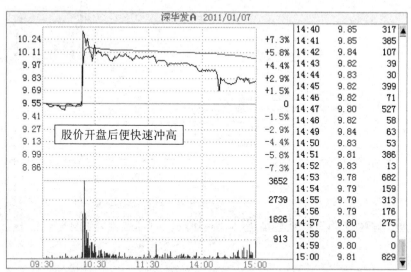

图6.13 深华发A分时图

6.4.2 市场含义

从技术分析角度来看,股价往往在冲高到重要阻力位时出现向下回落的情况。因此在K线图上常常留下长长的上影线。如果当天最终收阳线，则说明多方占有一定的上风；如果当天不仅上影线较长而且收成阴线，则说明空头已经占据了主动。此后，如果股价不能突破上影线的最高点附近，则会引发一段比较强劲的回调行情，而回调幅度不会很大且在回落的过程中成交量不一定放大。在回调一定时间后，股价便会摆脱上方压力的束缚继续向上运行。当在超过前期高点的位置时，股民就可以进场交易了。

图6.14所示为联创光电日K线图。股价在向上反弹的时候，曾经向上冲击到很高的点位，但是却又被空头打压下来，最终却收成了一根大阴线。从图中可以看到，上影线的部分与前期高点十分近似，因为此时遇到了一个强有力的阻力位。成交量增大后，股价快速冲高回落是很正常的事情。此后股价便开始受挫回落调整，而后一举向上突破前期高点这个阻力位。

图6.14 联创光电日K线图

6.4.3 实例解析

图6.15所示为杉杉股份日K线图。股价在市场的底部，出现了小幅的震荡行情。而在震荡行情的顶部，股价上冲未果留下了长长的上影线。在整个的震荡行情中，上方的压力还是比较强大的。尽管再上冲时，成交量也出现了放大，但是依然被空头无情地打压下来。而当股价最终超过这一区域时，则意味着股价真正

走出了这个阴影区，因此也是多头合适的买入点。

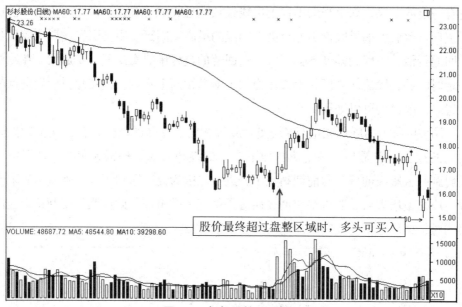

图6.15　杉杉股份日K线图

图6.16所示为东方电气日K线图。股价在反弹的高位遭到了空头压力，出现了放量冲高回落的走势。该K线图中也留下了长长的上影线，但是此后股价开始回落，每次都未能超过前期的高点。最终结束了反弹行情，开始向下运行。

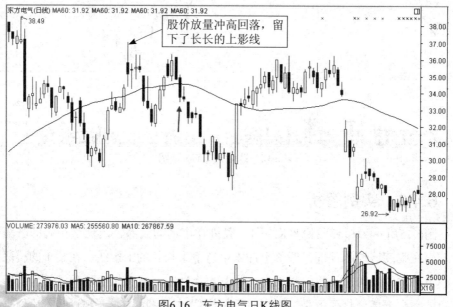

图6.16　东方电气日K线图

6.4.4 操作策略

股价在上行过程中出现放量冲高回落形态后,股民不能急于进场。因为此后常常有回调行情,甚至出现反转迹象。因此只有股价结束回调,冲上前次高点,股民才可以进场交易。

如果股价在冲高放量的后两三个交易日创出新的高点,则说明股价将继续上涨,后市大幅回落的可能性就不大了。一般来说,股价在冲高回落后,股民应该密切关注下一次上涨是否能够突破前期高点。一旦成功突破,就可以寻找低点买入股票。如果未能突破,则可以等待下一次是否能够突破;如果连续多次突破未果,则应该及时出场观望。

第7章　上涨中的量价关系

　　当股价已经开始大幅上扬之时，买入的股民肯定会有所盈利，但是此时股民不要轻易出场。只要未来股价继续上扬，就可以一直持有，让自己的盈利无限增大。在此期间，股民要能正确识别股价是依然处于上涨中，而没有到达市场的顶部，这就需要股民密切分析成交量与股价的关系来加以判断。

7.1 放量快速拉高

在股市中，股民经常可以看到某一个交易日成交量突然放大，而股价也被快速地拉升，股价整体的上涨速度远远超过了前几天的涨势，这种情况就称为放量快速拉升。此时可能交易者会感到迷惑，是否应该买入。如果买入，可能会怀疑股价涨幅过高而又不敢买入，眼看着股价上涨又心有不甘。

7.1.1 原理分析

股价在上升的过程中，不可能每个交易日都保持快速上升的态势，当股价从市场底部开始上扬不久，便会出现停顿的过程。这个停顿的过程并不是多方能量的衰竭，而是在进行一次休整。在这个过程中，多头汇集能量，为进一步向上攀升高位做准备。这就如同在爬山的过程中，一开始可能动力十足，但是不久也会放慢脚步做一下休整，为进一步向上攀爬做准备。

当股价在休整时，行情会进入横向的盘整阶段，但是一般时间不会太长，上下调整的幅度也不会很大，均线都处于黏合状态。当盘整行情结束后，股价会突然向上，成交量突然增大，均线从黏合状态开始直线向上。这就是主力已经积攒了大部分的能量，开始快速地向上发力。

图7.1所示为双良节能日K线图。箭头指向的大阳线打破了原有的盘整趋势，而成交量也给出了放量的支持。尽管此前盘整持续的时间并不长，仅仅有几个交易日的时间，但是多头在此短暂的时间内依然积累了不小的能量，为进一步地打开上升空间做好了充分的准备。

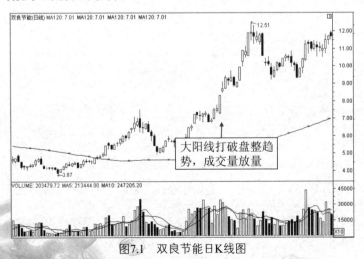

图7.1 双良节能日K线图

7.1.2 市场含义

当股价在上涨过程当中,出现了快速放量拉高的走势,说明后市在很大程度上还会上涨。而且一般来说,后市的上涨要远远大于前期的上涨速度和幅度,因为股价行情从盘整行情突破,原有犹豫不定的没有进场者也会跟风进场做多,这就更加剧了多头的能量。

图7.2所示为理工监测60分钟K线图。股价在走出盘整之后,出现了一个涨停的走势,成交量给出了放量的支持。股价的上涨幅度明显超过了前期的上涨幅度,这从K线实体的大小中可以得知。

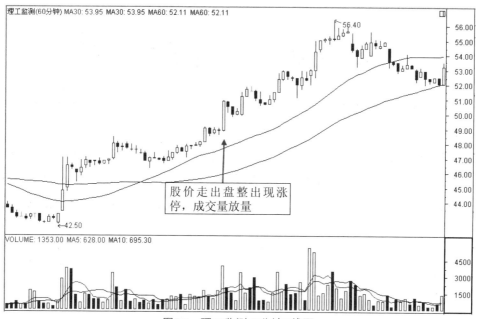

图7.2 理工监测60分钟K线图

7.1.3 实例解析

图7.3所示为时代新材60分钟K线图。从图中可以看到,股价在上升不久便进入到了一个盘整过程。从技术分析角度来看,这个盘整的过程是必然出现的,因为此前上涨的幅度很大,尽管持续的时间不长,但是基本上是以直线向上的方式拉升的,因此必然会有一个多头能量调整的过程。横盘结束后,股价快速拉高,成交量快速增大,量价的正常配合说明多头将继续推动股价向上运行。

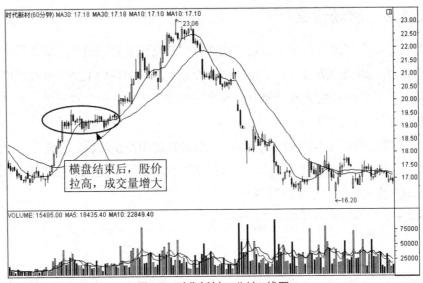

图7.3 时代新材60分钟K线图

图7.4所示为长城开发60分钟K线图。股价从7.71元开始上行，一路高涨之后出现了一个盘整的走势。从图中可以看到，盘整的位置正好出现在下跌过程中出现的跳空缺口附近，因此此处必然会存在一定的压力。此时可能会有一部分投资者认为股价会受到压力而出场，但是当股价以放量快速拉高的形式突破盘整区域时，就意味着此处的压力并没有成功地阻止股价的上涨，股价还将会沿着原有的趋势向上运行。

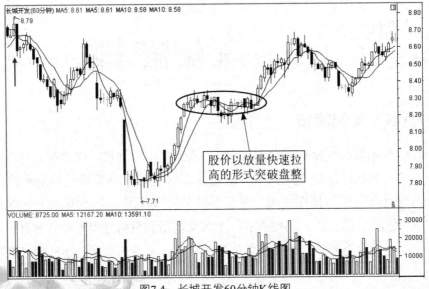

图7.4 长城开发60分钟K线图

7.1.4 操作策略

在上扬的过程中,如果股价出现了盘整的走势,交易者可以等待股价快速突破之后,积极的投资者可以立刻进场做多。但是一般来说,股价在出现放量快速拉高之后,后几个交易日有一个短暂的回调过程。此时就是给投资者一个良好的买入点,且买入价要相对较低。

图7.5所示为太原刚玉日K线图。箭头所指的大阳线打破了原有的盘整格局,使得股价可以继续上行。但是后几个交易日股价并没有立刻上涨,而是出现了细小的回调过程。实际上,股民们正好可以利用这个回调的时机快速进场,此时买入要比在底部立刻进入市场追高更加划算。

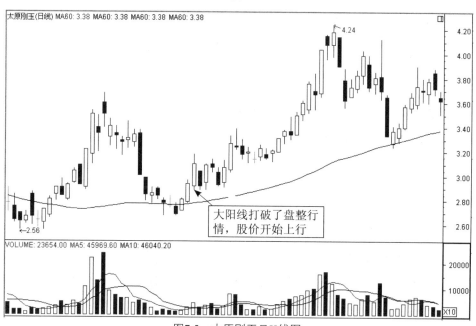

图7.5 太原刚玉日K线图

7.2 缩量快速拉高

这种形态与前面讲过的放量快速拉高正好相反。它是股价在上涨的过程中,成交量没有出现放量而是出现了缩量的走势,甚至有时股价已经达到涨停板,但是成交量也没有出现放量的形态。

7.2.1　原理分析

股价在脱离市场底部之后，一般先会缓慢上涨，然后才是快速上涨。成交量也会从市场底部的低迷行情开始缓步增大，因为场外的资金看到股价小幅上扬必定会源源不断地流入市场。

当股价经过一段时间的稳步上涨之后，如果突然开始向上乏力，大幅度向上拉升，而成交量却没有明显增大，甚至股价已经达到涨停板的位置，而且全天都没有打开，但是成交量却出现了明显的萎缩，这就形成了缩量快速拉升的形态。

7.2.2　市场含义

股民在看到股价快速上涨时，成交量却出现萎缩的迹象，往往会认为股价的上涨没有成交量的支撑而视为乏力，未来将转入下跌的行情。其实这种想法是非常错误的。因为此时的快速拉升是庄家一手造成的，庄家此时已经拥有了大部分的筹码。在先前涨势较好的时候，有一些投资者可能会认为股价涨幅过小动力不足，因此会卖掉手中的股票。但是主力不会在小小的涨幅面前快速出场，而散户的出场又帮助了主力吸纳更多的筹码，因此大部分筹码都掌握在庄家手中，散户的出场基本上不会让成交量增大。主力已经牢牢控制住了整个局面，未来的股价上涨也不会出现放量的特点。

7.2.3　实例解析

图7.6所示为燕京啤酒日K线图。从图中可以看到，股价在小幅上扬之后，出现了一次深幅的回调过程。此时必定会有一些散户害怕股价下跌而快速出场，其实这正是主力在洗盘。此后，由于主力已经清除了大部分散户跟庄者，而且已经牢牢地控制了整个局面，因此开始快速拉升，而成交量也自然不会出现明显放大。股价在上扬时，成交量出现了明显的缩量迹象，这必定会使场外的交易者不敢跟进买入，因此就达到了庄家不想让更多散户跟庄的目的。

但是从图中也可以看到，此前的上涨幅度十分有限，因此主力不会轻易出场。他们一般想赚大钱，没有大幅度的盈利区域，是不会出货的。因此可以判断出，此时的拉升是庄家所为，尽管成交量并不放量，但是依然可以买入股票。

图7.7所示为顺发恒业日K线图。股价进入市场底部开始上扬时，成交量出现逐步放大。此后股价在进入盘整行情后，成交量便开始萎缩。当行情开始向上盘旋上涨时，成交量也没有明显的放量。这说明该股已经牢牢地被庄家控盘，庄家拥

有的筹码已经占有绝大部分，场中的浮动筹码并不是很多。而之前的拉升幅度不是很大，达不到庄家出货的目标，因此后市必定会遭到主力强有力地拉升。

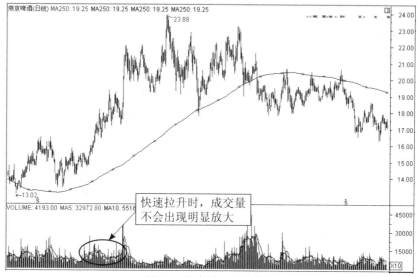

图7.6　燕京啤酒日K线图

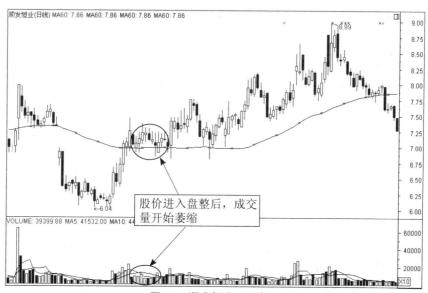

图7.7　顺发恒业日K线图

7.2.4　操作策略

此种情况，投资者可以及时关注一下此前的涨幅是否已经过大。如果上涨空间并不是很大，则说明主力出货的位置还没有达到，因此在缩量拉升的时候就可以

第7章　上涨中的量价关系　147

买入。而保守型的投资者也可以等到股价回调到移动平均线附近时再买入。

图7.8所示为武汉塑料日K线图。股价已经达到涨停的位置，但是成交量却出现了明显的萎缩，这就是良好的买入点。只要当天的交易过程中涨停板一有时间被打开，股民就可以立刻挂单买入进场。

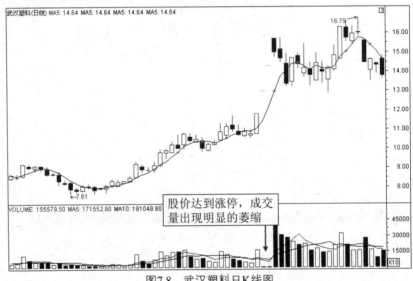

图7.8　武汉塑料日K线图

图7.9所示为益民集团日K线图。股价在上涨的后半程，成交量都是萎缩的。而股价是以波浪式向上运行的，因此每次股价回调到120日均线附近时，都是投资者逢低买入的良好时机。

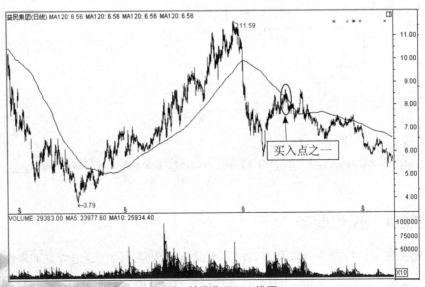

图7.9　益民集团日K线图

7.3 放量高开大阴线

股民在走势图中可以看到,股价在连续上涨一个交易日后,突然在某个交易日大幅跳空高开,但是没有高开高走而是高开低走,当天在收盘时形成了一根很长的阴K线。成交量在当前的交易日也是明显地增大,这就让交易者感到很迷惑,未来股价是否可以上涨是一个未知数。

7.3.1 原理分析

当股价已经进入上涨行情之后,场外的一些交易者也会看到股价进入了上涨行情之中,因此场外的资金会源源不断地进入市场做多,股价也会进入到稳步上涨的阶段。如果股价突然大幅高开,很有可能一部分交易者开始兑现利润,纷纷卖出手中的股票,因此股价会从高位开始回落,成交量也因大量抛单的出现而一度增大。

图7.10所示为尖峰集团60分钟K线图,股价在箭头指向位置出现了一个跳空高开的大阴线,当时的成交量出现了巨量的走势。而此前还是一个涨停板,这说明股价的突然跳幅高开引发了一定的抛盘,一些短线投机者会在此时纷纷出场。这就为股价的上行制造了一定的障碍,至少是在当前时段内遇到了空头的大幅打压。

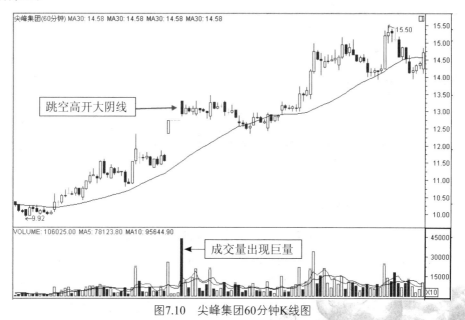

图7.10 尖峰集团60分钟K线图

7.3.2 市场含义

放量高开收阴线的现象,归根结底就在于短线获利盘的回吐造成的。出现此种走势后,股价在后市很有可能回落并且会进入到一段整理的行情中,但是最终股价一般还会继续走高。整理行情和回落的行情仅仅是暂时的,而且持续的时间不是很长。

相对来说,如果短线获利盘出场的数量不多,或者主力推动的能量巨大,那么第二天股价就会出现快速地回升。

图7.11所示为银江股份60分钟K线图,箭头指向位置是一根阴线,而且出现了向上的跳空。成交量也出现了明显增大。但是可以看到,由于阴K线实体并不是十分巨大,说明头盘出场的数量并不是很多。因此仅仅是在下一个调整时段内,股价出现了小幅下挫,此后股价便继续一路高涨。

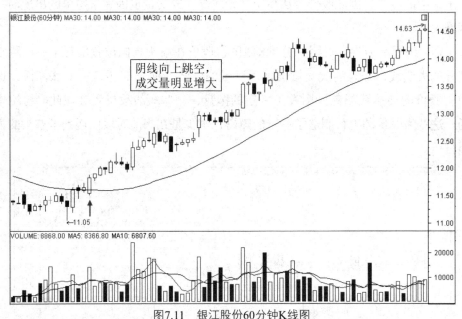

图7.11 银江股份60分钟K线图

7.3.3 实例解析

图7.12所示为武汉塑料日K线图。从图中可以看到,股价在经历了连续三个涨停板之后,出现了跳空大阴线的形态。此时成交量明显增大,说明因为之前有了三个涨停板的盈利空间,一部分交易者选择了获利出场。因此这种短暂的调整是必然出现的,此后股价在经历了几个交易日的小幅调整之后,继续开始上行。

图7.12 武汉塑料日K线图

图7.13所示为深高速日K线图。从图中可以看到，当放量跳空大阴线出现后，股价出现了明显的大调整，而且调整幅度很深，持续的时间也很长，但是依然没有改变股价上行的趋势。

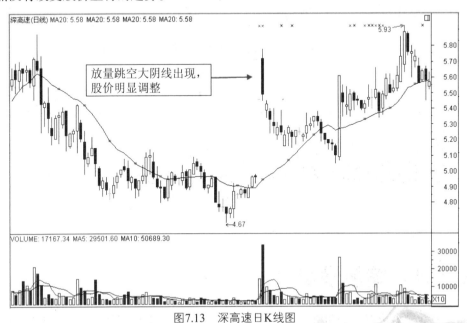

图7.13 深高速日K线图

第7章 上涨中的量价关系 151

7.3.4 操作策略

在股市中,如果股民遇到股价大幅高开,而且此前已经有了一定的涨幅,那么可以在高开后迅速出场。因为此时一般都会有一个向下的回调过程,而且也不能预测当天股价在开盘后可能下跌到什么幅度。等待跳空高开大阴线出现后,股民可以等待股价下调到一定程度之后,出现了明显的止跌信号再入场做多。

图7.14所示为实达集团日K线图。尽管股价从市场底部出现了强劲的反弹,出现了连续两个向上跳空的形态。但是在箭头指向的位置,K线在开盘时就达到了前期反弹的高点。而根据技术理论分析,此处是一个较强的压力位,因此股民可以选择在开盘后即可出场。而当天也出现了高开低走的走势。股价自此开始再次下跌,当运行到4.85元左右的低价,股价出现了明显的止跌信号,K线已经出现了一连串的十字线形式,因此股民可以在此时再次进场做多。

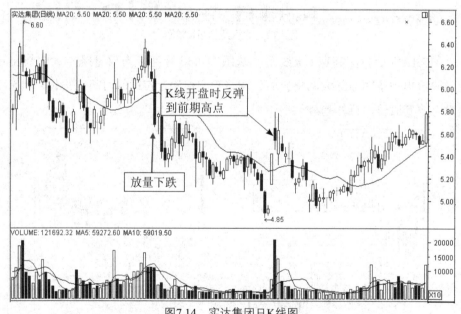

图7.14 实达集团日K线图

7.4 缩量横盘

缩量横盘形态是股价在上涨的过程中,突然进入横盘整理过程,此时的股价上下波动范围很小,而成交量也出现萎缩的情况。

7.4.1 原理分析

当股价在运行过程中出现了横盘的情况,一般是多方在休整,而一些短线获利盘会在此时出场。而散户的出场,又会给庄家提供吸纳筹码的机会,因此后市在很大程度上还会上扬。只要股民耐心等待,未来就可以获得巨大的经济利润。

在整个盘整过程中,由于场外大量的交易者不敢在此时入场,因此成交量是比较低迷的。其实,此时正是交易者快速入场的良好买入位置。

图7.15所示为理工监测60分钟K线图。股价从42.50元开始快速上扬,在连续三个交易日后,开始进入横盘整理,此时的成交量也是明显萎缩。因为在这个点位,已经有一些短线获利盘获利出场,而场外的交易者不敢在股价停滞不前时进场做多。

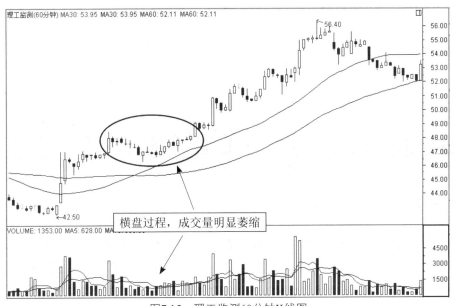

图7.15 理工监测60分钟K线图

7.4.2 市场含义

一般来说,股价在上涨过程中出现缩量横盘,后市都是上涨的。因为整个横盘过程中,主力实际上可以达到洗盘的目的。尽管股票价格没有下跌,但是长时间的横盘不动,会让一些新进的交易者离场观望,因此也就帮助庄家完成了洗盘的工作。但是如果股票价格在下跌过程中出现缩量横盘的走势,则不能预测后市将出现明显的上涨行情。

图7.16所示为华夏银行日K线图，此例中出现的横盘缩量形态出现在股价下跌过程中，因此股民不能预测后市是否向上反弹。应该等待股价最终走出盘整区域时，观察突破的方向再做决策。此例中，股价最终是以向下的方式突破盘整区的，因此还将延续原有的下跌趋势。

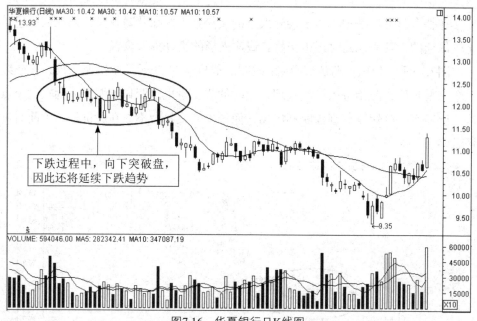

图7.16　华夏银行日K线图

7.4.3　实例解析

图7.17所示为时代新材60分钟K线图。从走势图中可以看到，该股在经过深幅的拉升之后，进入到了横盘整理过程中，而且在横盘整理过程中成交量出现了缩量的走势。这说明主力已经锁定了大量的筹码，横盘只是庄家吸盘的操作方法。因此在横盘之后，主力开始继续向上拉升，一根大阳线突破盘整区域就是最好的证明。

图7.18所示为太原刚玉周K线图。股价在盘整的后期，出现了小幅的下挫行情，这并不是股价将进入到市场的顶部转入下跌行情，实际上是主力为了更好地洗盘采用的一种打压方式。只有主力认定在股价攀升过程中大部分散户已经出场，而如果再进一步小幅打压股价，则市场中残余的散户也会再次出场，因此股价被庄家小幅打压后便进入主力快速拉升的操作步骤。

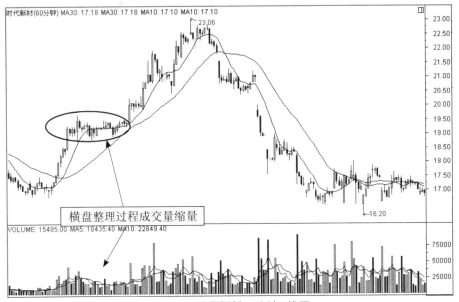

图7.17 时代新材60分钟K线图

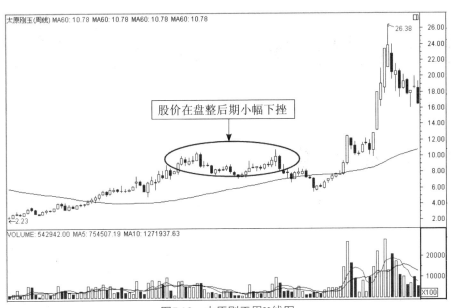

图7.18 太原刚玉周K线图

7.4.4 操作策略

如果在上涨的行情中出现了横盘缩量的走势，股民可以等待股价向上突破时，再买入股票。图7.19所示为华西村日K线图，图中椭圆形区域便是股价在上

第7章 上涨中的量价关系 155

涨过程中出现的缩量横盘走势，而箭头指向的K线突破了这个区域，因此股民可以在此后进场做多。如果股民在盘整过程中过早地进场，则需要等待漫长的整理过程。

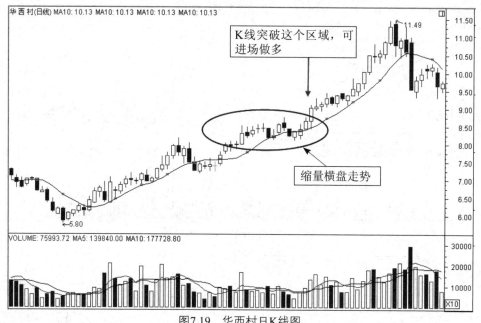

图7.19　华西村日K线图

7.5　放量十字线

在股市中，如果出现了十字线或者是十字星，那么有可能是行情转变的一种信号。因为十字线，就代表着开盘价和收盘价处于一致的水平上，多空双方在当前的交易时段内没有分出胜负。而如果股价原先是上涨的，出现十字线就说明在此时多头的能量已经完全消退，空头能量开始稳步增长，尽管在此时没有战胜多头，但是已经与多头打成平手，这说明多头的统治地位可能已经动摇。

而如果十字线出现后，成交量也出现了明显的放量，就是一个明显的信号。下面将对这种形态做出具体的分析。

7.5.1　原理分析

股价在上涨的过程中，由于此前进入市场的股民已经获得了不菲的利润，因此必然会有兑现利润的想法。而多方的卖出等于是加强了空方的力量,而场外一些交易者可能看到股价在不断上涨,因此也就有了追高买入的念头。这时市场中就已经有了买方和卖方,如果二者在某一时段力量大致均等,K线图中出现了十字线形态。如果当天的实体较小,开盘价与收盘价并不相等但是相差不大,也可以认定是一种十字线形态。

此时,由于多空双方交易频繁,获利盘回吐的数量很多,而场外的买盘也很多,于是出现了巨大的成交量。图7.20所示为华西村日K线图,箭头指向的十字线,就是多空双方力量均等的标志。此时成交量也明显增大,因此是一个放量十字线形态。

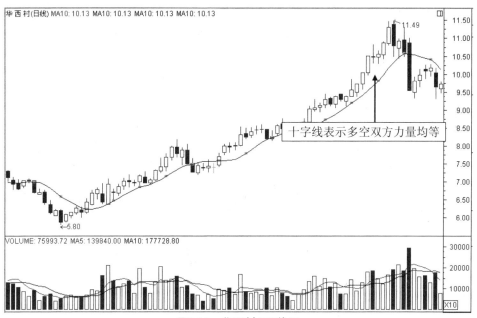

图7.20 华西村日K线图

7.5.2 市场含义

在上升过程中出现放量十字线的走势,是由于多空双方对后市出现了明显的分歧,在盘中激烈交战,而且力量几乎均等导致的。因此股价的后市就与多空双方的力量对比有着明显的关系。

在当前交易时段内,多空双方激烈交战中,力量相对平衡。后一个交易日的走势将对预测后市的走势提供了强有力的证明。如果后一个交易时段内出现了明显的上涨行情,K线图中出现了阳线,就标志着多头战胜了,夺得了整个市场的控制权。

相反,如果经过当前交易日的争夺,股价出现了阴K线,则说明获利回吐盘的镇压获得了优势,股价下跌回落的可能性较大,但一般也不会出现大幅度的暴跌行情。如果在后一个交易时段内,依然出现类似于十字线的形态,则说明多空双方依然处于胶着的状态,因此还需要观看后几个交易日的走势。

图7.21所示为联创光电周K线图。股价在运行到箭头指向的位置时,出现了一个类似于十字线的形态。尽管当天开盘价与收盘价并不十分一致,但是二者相差不大,因此可以看作是一种十字线的变体形式。此时成交量急剧增大,说明多空双方激烈交战。而此后的一个交易时段内,依然是一个十字线,说明双方依然相持不下,难分伯仲。但是在后一个交易日,股价开始向上进攻,出现了一根阳线,说明多头取得了胜利,因此后市在多头的推动下继续高涨。

图7.21 联创光电周K线图

7.5.3 实例解析

图7.22所示为联创光电日K线图,箭头指向位置是一个放量十字线,此后股价便开始冲高回落,开启了短暂的两日回调行情。回调行情结束之后,股价继续上行,因此也可以看到,即便多头取得了胜利,一般情况下也只是暂时的调整而已。

图7.22 联创光电日K线图

图7.23所示为莱茵生物日K线图。股价在上涨的过程中出现了一个放量十字线形态。此后股价便开始小幅回落，但是回落的行情是暂时的。回调结束之后，未来的上涨行情更加迅猛，以多个涨停的形式向上发力，因此，放量十字线在此可以认定是上涨过程中的休整而已。

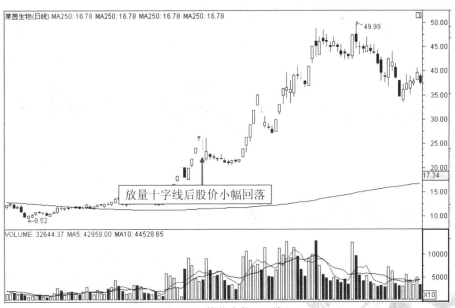

图7.23 莱茵生物日K线图

第7章 上涨中的量价关系

7.5.4 操作策略

当股价在上扬过程中出现了放量十字线形态，股民不必着急进场，如果从短线交易者的角度考虑，持股的股民还可以先出售一部分股票，等待股价下跌后企稳时再进场做多。而没有入场的交易者，可以等待股价突破十字线的最高点，或者在此后出现阳线这样上涨的标志后再买入股票。

图7.24所示为双良节能日K线图。在图中出现放量十字线之后，股价也进入到了连续的盘整行情中。如果股民过早地进场，需要在场中等待很长的时间，短线交易者此时还可以出售已有的股票。当最后的阳线打破盘整区域时，则股民可以考虑再次进场做多。

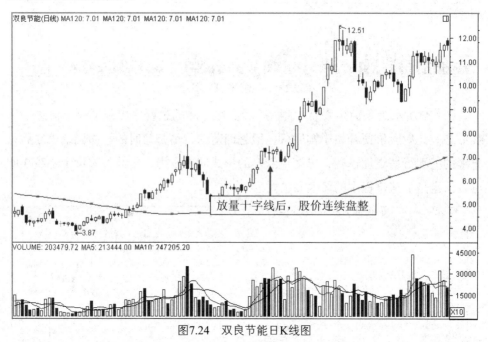

图7.24 双良节能日K线图

7.6 放量冲高回落

股价在上涨的途中经常出现快速冲高回落的形态，在K线图中就表示为长长的上影线，而成交量随着股价的快速冲高也出现明显增大。股价在回落后是否能够继续上涨，股民应该如何操作，下面将进行具体的分析。

7.6.1 原理分析

在股价上涨的过程中，已经持股的股民必定会有一定的利润，此时他们获利出场的举动就会对股价的上涨构成威胁。当股市中出现一些重要的阻力位时，股价也一般不会轻易地穿越，因此股价在触及某些阻力位后会有抛盘出现，股价很可能会快速冲高回落。而成交量会伴随着抛盘的出现明显增大，K线图中就出现了长长的上影线。

图7.25所示为莱茵生物日K线图。箭头指向的位置是一根具有长长上影线的阳K线，这说明股价在当天的交易日内快速上冲，但是又被无情地打压下来。成交量在当天出现了明显的增大，这说明在高位有不少的获利回吐盘出现。因此才造成了股价没有继续上行，但是此后的几个交易日股价经过短暂的盘整之后，股价又出现了明显的上涨趋势。

图7.25　莱茵生物日K线图

如果从分时图中分析，则可以经常看到股价在开盘后便快速冲高，有时可能在开盘时就已经出现了一个向上跳空，但是股价很可能在达到某一点位后迅速回落。图7.26所示为深华发A分时图。股价在开盘后一路上冲，而成交量也明显增大，但是此后则快速回落，始终未在分时线之下。而这种走势是股价在上涨过程中经常遇到的一种现象。

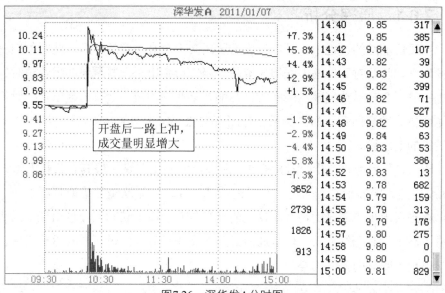

图7.26　深华发A分时图

7.6.2　市场含义

当股价在上涨过程中出现了较长的上影线时，就说明股价的上涨已经遭遇到了一定的压力。而且上影线的长度越长，则说明上方的抛盘越多，压力越重。

主力在进行试盘之后，如果发现上方的压力过重，则一般也不会快速地拉升，而是震荡的小幅上行。因此后市的走势在很大程度上要取决于主力的拉升风格以及坐庄思路。

一般来说，后市还会出现拉升的走势，但是股民不能立即进场，一旦庄家认为需要进行洗盘则过早进场就会处于不利的位置。正确的做法是密切关注盘面的变化，只要出现明显的阳线或者其他看涨的信号，再进场交易则更加安全。

7.6.3　实例解析

图7.27所示为开元投资60分钟K线图。股价在穿越了20日移动平均线之后不久，便出现了一根较长上影线的阳K线，而且成交量出现了巨量。从图中可以看到，上影线的长度极长，这说明上方的压力过重，此后便引发了一轮较深的回调。否则，股价一路上扬，但是再次上涨到上影线位置附近时，依然遇到了较强的阻力，二次引发回调行情。

图7.27 开元投资60分钟K线图

图7.28所示为山东黄金60分钟K线图。当放量冲高回落的形态出现后,主力采用了另一种拉升的方式,平台式向上跃进的方式让股价稳步地向上推进。每次股价在小幅上扬之后,都会出现很长一段时间的平台整理过程,这样可以很好地消化掉盘中的一些压力,为进一步向上推进做好充分的准备。

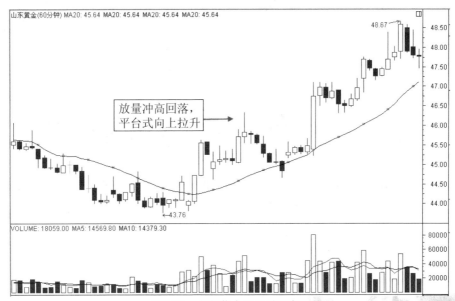

图7.28 山东黄金60分钟K线图

第7章 上涨中的量价关系 163

7.6.4 操作策略

如果股价运行到重要的技术阻力位出现了上影线，则股民不要急于入场，应该密切观察股价是否能够冲破这一有效的阻力位。而如果股价仅仅是在上涨图中出现的获利盘回吐造成的上影线，则股民可以等待股价向上突破了上影线的最高点时进场买入股票。

图7.29所示为双良节能日K线图，图中第一个箭头指向的位置是一个放量的冲高回落形态，而且当天的K线收成了阴K线。这个形态也是股价达到了阶段性的顶部。此后股价一路下滑，但可以判断出这是由于获利盘回吐造成的。当第二个箭头指向的阳K线出现后，成功地突破了此前出现的冲高回落形态的最高点，因此是多头开始积极进攻的标志，也是股民们的良好进场点。

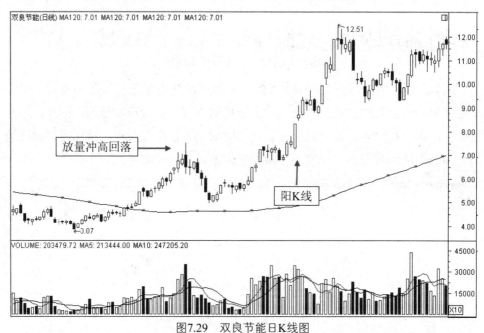

图7.29 双良节能日K线图

图7.30所示为长城开发60分钟K线图。此图中放量冲高回落的形态出现在前期回调的高点，因此是一个比较强有力的阻力位。而股价是否能够最终突破依然是一个未知数，因此股民应该等到最终股价发出突破的信号之后，再进场做多。

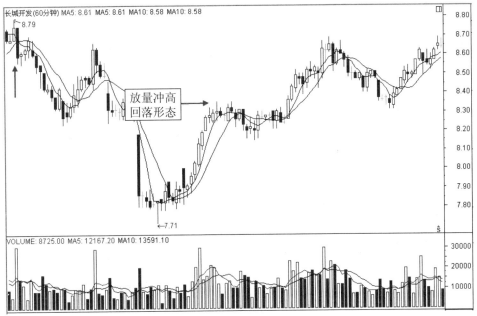

图7.30 长城开发60分钟K线图

7.7 放量下探回升

放量下探回升与放量冲高回落是一组相反的走势,在K线图中经常会留下长长的下影线,说明股价在到达低点之后,由于做多的数量有限,于是价格开始回升,而成交量在受到买盘不断的推动作用,出现明显的增大迹象。

7.7.1 原理分析

股价在上涨的过程中,有时会被一笔大的卖单砸盘出现大幅下挫的走势,但是不久在探底后又出现回升,这就说明在底部有大量买盘在接盘,因此成交量出现明显的增大,而股价也瞬间会从低位弹起。在K线图中,经常可以看到长长的下影线存在,下影线的长度越长,则说明在低处的承接能力越强。

图7.31所示为莱茵生物日K线图。股价在上涨的过程中,由于获利盘回吐的影响,出现了长长的下影线,但是场外有许多的资金愿意在此时入场做多,因此股价没有下跌而是在低处开始反弹,成交量也出现了明显的增大迹象。

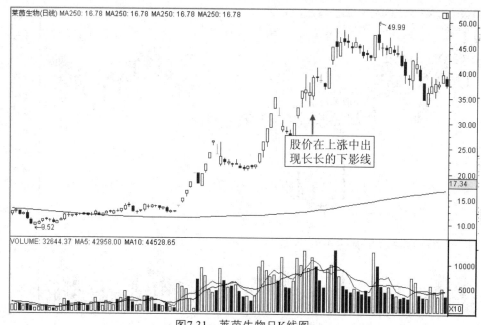

图7.31 莱茵生物日K线图

7.7.2 市场含义

股价在上涨初期出现长长的下影线,而成交量伴随着放大,可以认定是主力在洗盘。因此后市上涨的概率很大,但是有时横盘整理或者洗盘的过程会持续很长的时间,股民要有耐心的持股准备。股价随后有下跌的行情,但是跌幅一般也不会大,因此此时庄家不会选择出货。

即使股价在后几个交易日出现下挫,跌幅一般也不会太深,这是庄家在拉升中的洗盘,股民应该耐心等待,后市必定会持续上涨。如果股价在出现放量下影线的时候,股价在后一个交易日没有回调,则未来一般会加速上涨。

7.7.3 实例解析

图7.32所示为山煤国际周K线图。股价在上涨过程中出现了一次回调过程,而箭头指向的位置就是一个放量的下影线形态,在K线图中留下了长长的下影线,实际上这是庄家在洗盘,仅仅是为了清除掉一些跟风者。因此后市将进行小幅盘整后继续上扬,有耐心的股民可以一直持股等待。

图7.33所示为中信证券日K线图。股价从市场底部开始上扬后,便出现了强有力的拉升方式,由此也可以认定股价遭到了庄家的强力拉升。该股的操纵者控

盘程度十分强大，当箭头指向的位置出现了一定长度的下影线之后，尽管成交量明显增大，但是依然可以认定是庄家在洗盘。因为仅仅微小的获利空间，是不可能让主力开始出货的，因此股民可以继续持有。

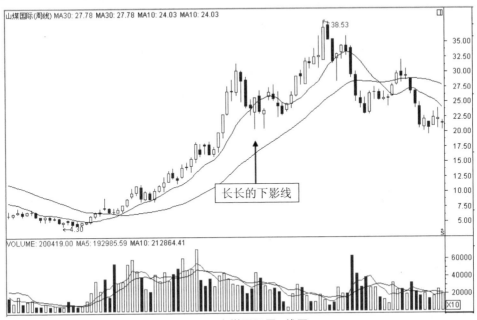

图7.32　山煤国际周K线图

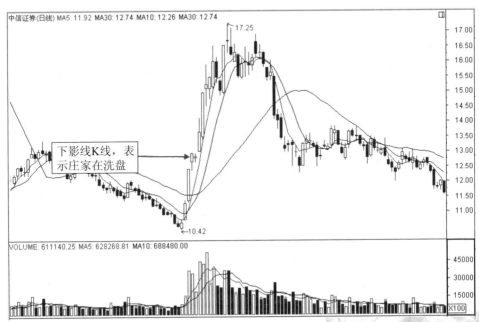

图7.33　中信证券日K线图

7.7.4 操作策略

股价在上涨的过程中出现了较长一段时间的横盘整理行情,此时出现长长的下影线与成交量的放大,可以认定股价将要快速上扬,在市场的底部获得了强有力的支撑,因此投资者可以积极地进入市场。

如果此前涨势缓慢出现此种走势,则未来上涨的可能性更大,一般会强势上涨,上涨强度远远超过了前期的幅度和速度。如果股价是被大单打压下来的,则此时出现的放量下影线说明此处很可能会止住跌势,因此一旦重新上涨就是买入时机。

7.8 缩量三阴线

股价在上涨过程中,有时也并不是一帆风顺的,下跌的走势也经常出现。如果走势图中出现了连续三根阴线,三根阴线逐步走低,而成交量却出现了萎缩的迹象,则称为缩量三阴线。这种股价和成交量都下跌的走势说明什么呢?下面将进行介绍。

7.8.1 原理分析

股价在上涨过程中,一般稳定的股票会沿着5日移动平均线或者10日移动平均线向上稳定增长。但是当股价运行到一个重要的阻力点位之后,有时会出现深幅的调整,甚至可能会击穿5日移动平均线和10日移动平均线,看上去短期行情似乎已经开始向上。

如果股价一连3天都大幅收低,就会让很多股民纷纷离场,而第4天却突然大幅走高,这又会使很多股民无比后悔。实际上,如果出现三根阴线,而成交量却在萎缩,这是主力在洗盘导致的。主力首先会用一小部分筹码使股价打压,然后让散户做出卖出的决策,这样股价会小幅度的回落。但是由于大部分筹码都掌握在庄家手中,因此成交量并不会明显增大。

图7.34所示为开元投资60分钟K线图。股价在向下回调的过程中,出现了三根连续的阴线,而且以一条直线的形式向下运行,一举击穿了20日移动平均线,似乎行情将要转变。但实际上这是主力在洗盘,虽然成交量在逐步地萎缩,但是市场中大量抛盘没有出现,仅仅是主力在吓唬交易者而已。

图7.34 开元投资60分钟K线图

7.8.2 市场含义

股价在上扬的过程中,如果出现三根缩量的阴线,则基本可以认定是洗盘行为。主力会在股价上涨到某一价位后,利用较小的筹码将股价打压,然后开始放任不管,让散户自由交易。此时没有阻力的向上推动,股价就会较快地下跌。当股价跌到某一支撑点位后,主力才会再次进场阻止股价下跌。

因为主力并没有真正的突破,仅仅是为了吓唬一些跟庄者,所以不会用大量的筹码进行交易,成交量也不会很大。因为仅仅是小幅的股价下挫,幅度已让很多意志不坚定的交易者出场,达到了庄家的目的。因此当阴K线结束后,如果出现阳线,股民就可以买入。

图7.35所示为开元投资60分钟K线图。股价在连续出现了三根阴线之后,第4天不仅没有收成阳线,而且是以向下跳空的形式运行,因此股民就应该积极地卖出股票。这有可能是一个顶部的信号,从后市的走势中也认定此时是一个阶段性的顶部。

图7.35 开元投资60分钟K线图

7.8.3 实例解析

图7.36所示为双良节能日K线图。尽管该图中出现了连续4天的阴线,但是成交量也在逐步地萎缩。因此可以认定是缩量三阴线的一种变化形式,这是主力在故意洗盘导致的结果。此后股价在小幅盘整之后,得到了120日均线的支撑,继续向上运行。

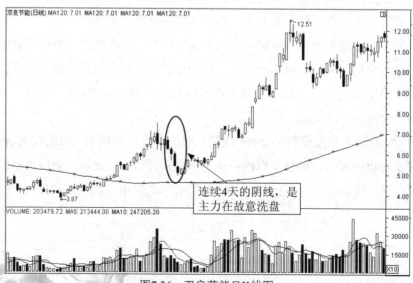

图7.36 双良节能日K线图

图7.37所示为山煤国际周K线图。股价在连续出现了缩量三阴线之后，结束了下跌的调整过程，也完成了主力的洗盘任务。此后开始围绕着30日移动平均线上下震荡，不久便开启了上涨之路。

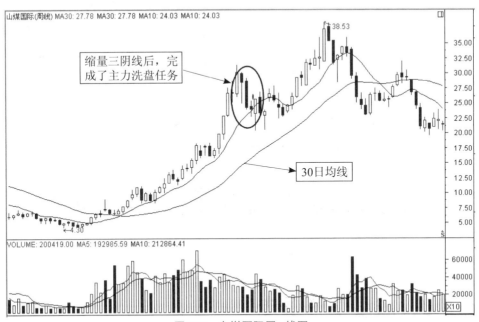

图7.37　山煤国际周K线图

7.8.4　操作策略

当股价在上涨过程中，如果出现了连续缩量三阴线的情况，股民不必恐慌，也不用急于出售手中的股票。这只是短暂的调整而已，只要股价在连续三根阴线后出现了阳线，就标志着股价将继续上行。而如果在连续出现三根阴线后，股价没有止跌的迹象，则股民可以再考虑出场。

图7.38所示为双良节能日K线图。在出现了缩量三阴线之后，第4个交易日出现了一根阳线，这说明下跌的脚步已经结束，因此股民可以在此时再次出场。而稳健型的股民可以等待股价最终突破三条阴线的最高点时再次入场。

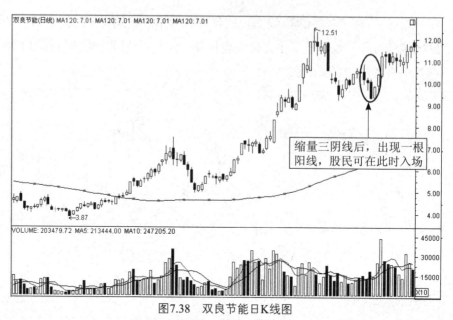

图7.38 双良节能日K线图

7.9 放量低开低走

放量低开低走情况也是出现在股价上涨过程中，是股价突然某一天开始低开，而后不仅没有上扬而是快速下跌。当天出现了一根阴线，成交量也出现了放大的迹象，这种形态是否为顶部的信号呢？下面将进行详细的分析。

7.9.1 原理分析

股价在经历了连续的上涨之后，不仅短线交易者会选择出场，而且一些被深度套牢的交易者在看到可以了结之时也会立即出手，因此形成了巨大的卖压。这会使股价上涨造成巨大的阻力，而依然有一些投资者看到股票没有明显的反转信号而积极地进场，因此多空双方出现僵持。

此时，如果股民看到股价上涨乏力，就会开始平仓，这无疑是增加了空方的力量，因此股价会出现低开的方式。此时便会有更大的卖单出现，将股价继续向下打压，这样，股价在低开后会继续走低，而且随着抛盘的增多，成交量也会明显增大。

图7.39所示为上海机场日K线图。图中箭头指向的是一个放量低开低走的阴K

线，此形态的出现正是由于获利盘的出场以及套牢盘的出现造成的。

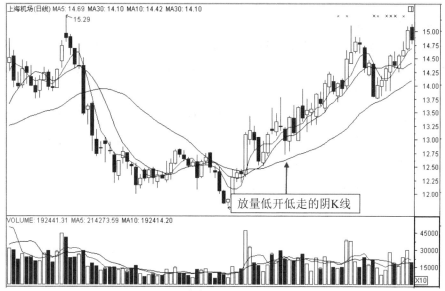

图7.39　上海机场日K线图

图7.40所示为农产品走势图。从右侧的分时图中可以看到，股价在大幅下挫低开后，始终受到分时线的阻力而向下运行。成交量在股价下跌过程中也出现了明显的放量，因此这种形态就是放量低开低走在分时图中的走势。左侧的箭头指向日K线，就是该分时图当天的日K线。

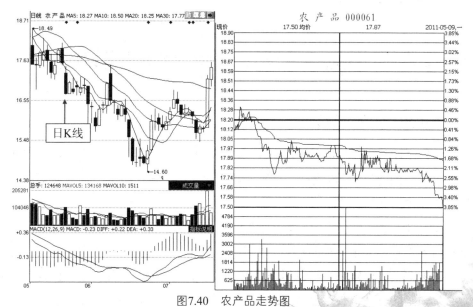

图7.40　农产品走势图

7.9.2 市场含义

股价在上涨过程中出现了此种走势,就说明多头的力量暂时得到了遏制,空头的力量在进行反攻。从K线图中也可以看到,空头的力量明显获胜,但是据此还不能认定已经开始反转。只要后几个交易日股价出现明显的止跌回升走势,就说明多头的能量没有丧失,而仅仅是暂时受到阻碍。

图7.41所示为启明信息日K线图,股价从高位开始走低,但是实际影响减小。下跌的走势得到了缓解,此后股价便受到了均线的支持而继续上行,因此庄家也就完成了洗盘的工作。

图7.41 启明信息日K线图

7.9.3 实例解析

图7.42所示为青岛啤酒周K线图。股价在上涨过程中,始终是上扬与回调交替地进行。因此放量阴K线是一种正常的走势。股民不必惊慌,股价将会受到均线的支撑作用继续上行。

图7.43所示为海利得周K线图。股价在上涨的过程中突然出现了一个向下跳空缺口,而且形成了一根阴K线,成交量也出现了明显的增大迹象。其实,这并不是庄家在大幅地抛售筹码,而是仅仅上涨中的一个吸盘操作而已,因为此时股价有了大幅的拉升,必定会遭受主力的打压,而且一些短线的交易者看到有了一

定的丰厚利润后也会选择兑现利润出场。当股价在达到20日均线附近时，受到了均线的支撑得以上行。

图7.42　青岛啤酒周K线图

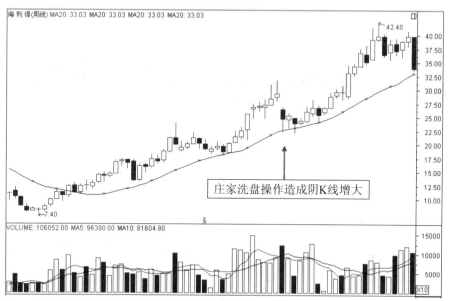

图7.43　海利得周K线图

7.9.4　操作策略

股价在小幅上涨过程中，如果出现了放量大阴线的形态，则说明此时仅仅是

第7章　上涨中的量价关系

上涨过程中的正常回调,后期还将延续较强的上涨行情。因此股价如果再回调到均线附近,受到均线支撑出现阳K线或者其他止跌的信号时,可以考虑立刻进场。

图7.44所示为海利得周K线图。从图中可以看到,尽管股价突然出现了一个向下跳空的缺口,但是在20日均线获得了有力的支撑。因此激进的交易者可以在20日均线附近买入股票,而保守型的交易者可以等待一根大阳线出现后再次入场,因为此时股价突破了前期的高点,此时的买入价位很高,但是把握也更大。

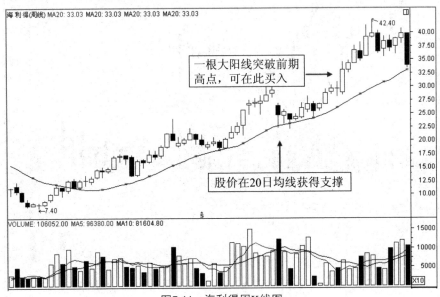

图7.44 海利得周K线图

7.10 缩量十字线

缩量十字线与放量十字线是一种相反的形态,它是股价在上涨过程中,出现了十字线形态,但是成交量没有放大却出现萎缩。那么股民就会陷入犹豫的境地,到底未来物价是上涨还是下跌呢?下面将予以充分的介绍。

7.10.1 原理分析

股价在上涨过程中,会在某一价格区间进入横盘整理,因为此前已经有了很大的涨幅,所以必定会有一些短线投机者出场,多空双方可能对后市有一定的分歧，使股价在某一区间内上下震荡。此时就有可能出现十字线，表明多空双方力量均等，由于主力此时并不交易，而是让散户自行交易，因此成交量不会增大而是出现明显的萎缩。

图7.45所示为合肥三洋日K线图。股价在上涨过程中先后几次出现了盘整行情，这是由于主力在有计划地控盘，在拉升到某一点位后便放任自流，让散户自行交易。因此成交量出现萎缩，K线图中也会出现十字线的走势。

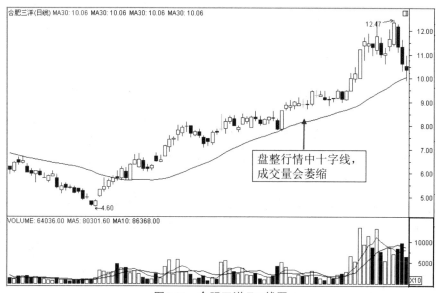

图7.45　合肥三洋日K线图

7.10.2　市场含义

庄家在上涨过程中加速拉升以后，往往会放手不管，让股民自行交易，通过此种方式来测试场中的承接能力与打压能力。因为后市的走势取决于试盘的结果。如果股民纷纷看好后市，不愿意卖出自己的股票，那么股价将继续上扬。

相反，如果股民纷纷主动地抛售，说明持有者的信心并不是稳定，获利了结筹码较多。因此庄家会暂时让股价继续处于上下震荡的行情，甚至是回落的行情，以此来继续清场，吸纳更多的筹码。

7.10.3　实例解析

图7.46所示为银江股份60分钟K线图。股价在小幅拉升之后出现了缩量的十字线，由于此前涨幅不大，因此市场中多头信心坚定，后市没有出现大幅下挫，

而是继续稳定地向上推进。

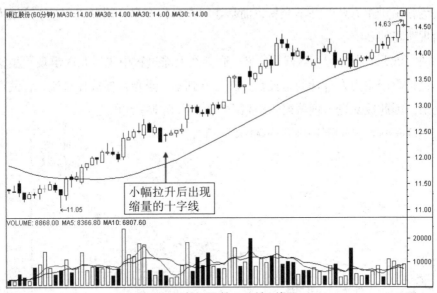

图7.46 银江股份60分钟K线图

图7.47所示为尖峰集团60分钟K线图。从图中可以看到，股价在出现缩量十字线之后开始小幅下挫，这是由于主力发现空头势力依然强大，而且多头的信心不足。因此通过小幅打压的方式使得散户以及跟庄者出场，以此来消化盘整的压力，此后便开始迅速拉升。

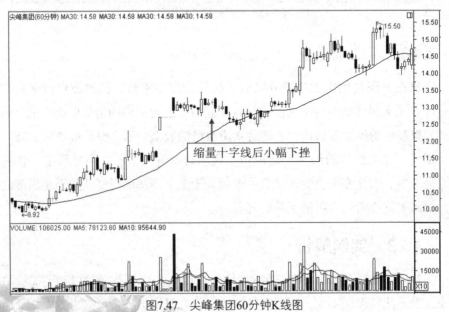

图7.47 尖峰集团60分钟K线图

7.10.4 操作策略

当股价出现缩量十字线时,股民们不用过度害怕,此时一般多是股价上涨中暂时停顿的信号,一般后市会继续向上运行。投资者可以等待十字线后出现阳线时再进场交易,或者等待盘整行情被突破后再进场交易。

图7.48所示为北京城乡日K线图。箭头指向的是一根缩量十字线,后一个交易日也出现了一根阳线,因此也就为股民创造了一个买入的信号。

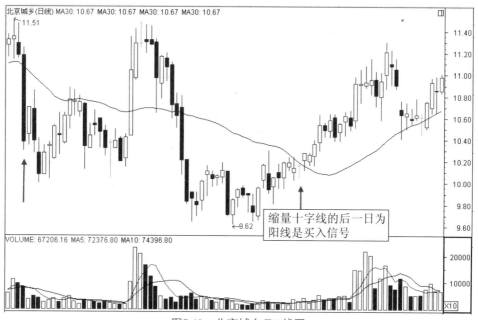

图7.48 北京城乡日K线图

图7.49所示为太极集团60分钟K线图。箭头指向的位置是一个缩量十字线,此后一个交易日是一个锤子线,但是阳线并没有突破盘整区域,因此稳健的交易者可以等待股价最终走出盘整行情之后再进行操作,以免出现漫长的等待时间。

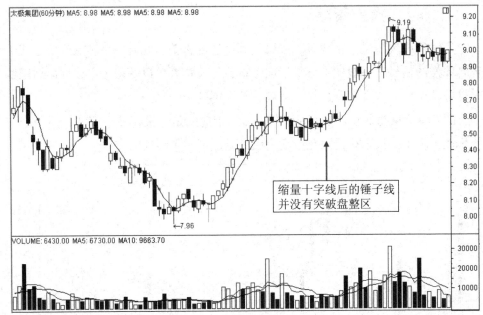

图7.49　太极集团60分钟K线图

第8章　股价将要见顶的量价关系

　　对于大多数股民而言，何时卖出比何时买入还要重要。如果没有发现股价将要见顶，一旦股价迅速下落，则原有的利润都要交给市场，甚至还有可能出现巨额亏损。因此，股民要及时发现危险的见顶信号，在股价将要达到顶部时千万不能认为股价依然处在上涨中，所以就需要充分地了解股价在顶部常见的量价关系。

8.1 巨量长阴线

巨量长阴线形态是顶部经常出现的一种形态，而且对后市的影响极大。如果股价在市场的顶部快速下跌，而且成交量出现巨量，一举吞没了数天的上涨阳线，则会出现巨量长阴线。下面将介绍具体的卖出方法和要卖出的深层原因。

8.1.1 原理分析

股价经过了漫长的上涨过程之后，无论是短线交易者还是长线交易者，无论是散户还是庄家，收益都会不菲，因此此时兑现利润是每位股民都会想到的。主力更是如此，在达到了以前设定的盈利目标后，自然会考虑套现出场。但是主力在出场之前，肯定会制造一些假象，蒙蔽场外的交易者和场中的交易者，使他们认定股价将继续上涨而买入股票。

一般来说，庄家会将股价上涨到高位时再获利离场。在整理过程中，庄家已经开始分批出货，因为庄家手中的筹码很多，不可能一次完全出尽，只能分批小量出货。在横盘一段时间后，主力会使股价大幅高开，甚至达到涨幅的位置，以此来引诱场外交易者继续进场。但是主力在拉高后，会毫不留情地卖出自己手中的股票，从而使股价迅速下滑，而场外的交易者可能认为股价仅仅是回调而已，因此会毫不犹豫地买入股票，实际上是加强了庄家的突破。而成交量在多空双方的交战过程中，出现了明显的增长。

图8.1所示为实达集团日K线图。股价在市场的高位出现了小幅的震荡行情，但是在最后向上冲高后不久便出现了一根长长的阴K线，成交量也明显放大，实际上这就是主力在不遗余力地卖掉全部筹码。

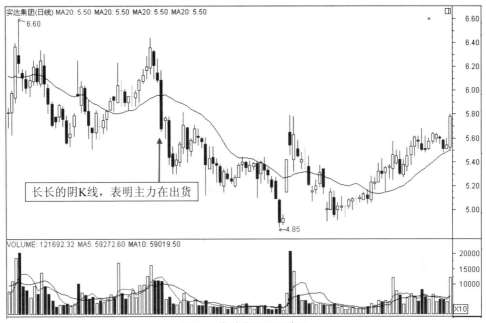

图8.1 实达集团日K线图

8.1.2 市场含义

在市场顶部出现长阴线之后，尽管成交量有所放大，但这并不是多头主导的，而是空方造成的，因此股价必然会继续被压制，这种局面就是供过于求的局面。

一般来说，在巨量长阴线出现后，庄家继续抛售股票，散户在进场后看到被主力欺骗也会纷纷离场，这更加剧了股价的下跌速度。股票价格越来越低，也会使场中的交易者心情更加急迫，这些交易者必定会纷纷争先恐后地出场，而这些出场再一次加剧了股价的下跌，因此后市下跌基本上已成定局。

但是在此期间，股价也有时会出现反弹，但这仅仅是主力为了更好出货，故意向上小幅拉升，以达到吸引场外交易者入场的目的，以帮助自己更好地出场。

图8.2所示为实达集团日K线图。在巨量长阴线出现后股价开始下挫，但是随即又开始了小幅的向上反弹，此时的反弹不仅受到均线的压力，而且成交量并没有放量的支持。因此，这仅仅是主力在故意拉升股价，使得更多的场外交易者认为反弹即将开始而进场抄底，主力则能更好地将手中的股票全部抛售给散户。

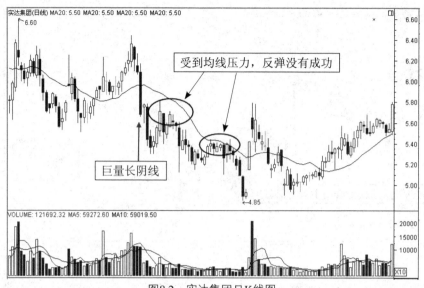

图8.2 实达集团日K线图

8.1.3 实例解析

图8.3所示为荣安地产60分钟K线图。箭头指向位置是一个放量长阴线,此后股价继续上行,但是没有得到成交量的支持。当股价运行到巨量长阴线的上影线附近时也达到了顶点,因此可以认定此后的上涨仅仅是强弩之末,股价必定会开始暴跌。从图中也可以看到,后市股价在高位并没有做更多的停留,而是快速下行。

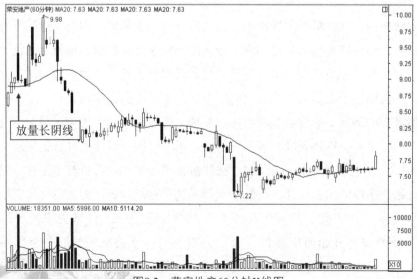

图8.3 荣安地产60分钟K线图

图8.4所示为雅戈尔月K线图。股价在达到34.50元创出了新高,但是也出现了高开低走,最终形成巨量大阴线。而此阴线实体极大,一举吞没了之前的上涨阳K线。此后股价在顶部稍做停留,便开始迅速下跌。

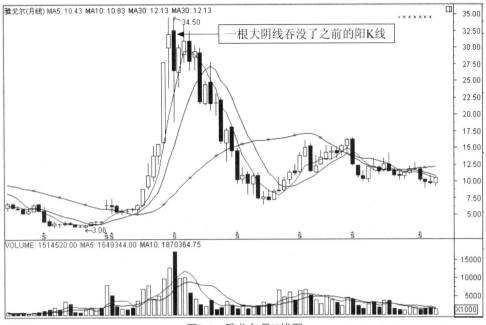

图8.4 雅戈尔月K线图

8.1.4 操作策略

如果遇到巨量成交,股民不用恐慌,应该及时查看是否股价已经有了明显的涨势。如果股价处于高位,则应该果断地卖出。如果股价小幅上涨之后,则此时依然是一个有力的回调。

图8.5所示为莱茵生物日K线图。图中放量阴线出现的位置是在小幅上涨之后,并不是市场顶部,而仅仅是市场回调而已。因为此前股价上涨幅度过大,会出现长阴线的回调行情。

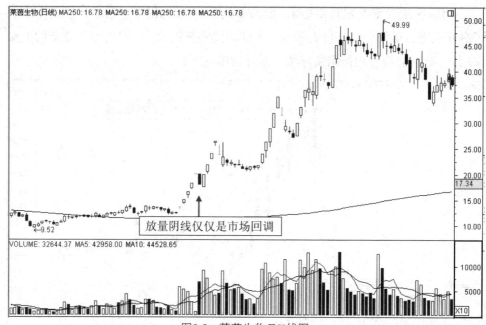

图8.5 莱茵生物日K线图

8.2 放量股价徘徊不前

放量股价徘徊不前是指股价运行到高位以后，成交量在明显地增长，但是股价却徘徊不前，没有配合成交量出现大规模的上涨，甚至还有小幅的下跌。

8.2.1 原理分析

股价在上涨到一定程度后，为了兑现账面上的盈利，投资者必须要抛出股票，因此股市中就出现了较为强劲的做空力量。

而主力在高位卖出股票时，并不能像普通散户一样一次完全卖出，而是要尽力做好这样的工作，使股价在高位波动，让股价在盘整后依然能够上行，这样既卖出了手中的股票，还不会让散户发现。因此庄家悄悄地出货，场外的资金在源源不断地接盘，成交量就会出现明显的增长，而股价却停滞不前。

图8.6所示为贵州茅台周K线图。股价在市场的顶部，连续多个交易周进行盘整，而成交量在放大，股价却在上下浮动始终不能向上拉升。因为，此时其实是主力正悄悄地出售手中的股票，而场外不明真相的散户却在此时买入。

图8.6 贵州茅台周K线图

8.2.2 市场含义

股价在市场的底部出现了成交量增长而价格不涨的情况，说明做多的动能已经衰退。成交量的增大并不是买入者导致的，而是庄家的出货导致的。因此一旦庄家出货接近尾声，股价将迅速下滑。

图8.7所示为浙江富润60分钟K线图。股价在市场的顶部长时间盘整，因为主力整个出货的时间持续了很长，而后市股价的下跌，正是由于主力已经完成出货造成的。

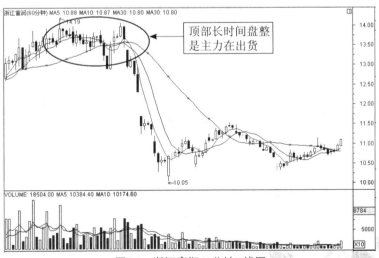

图8.7 浙江富润60分钟K线图

8.2.3 实例解析

图8.8所示为中信证券日K线图。股价在市场的顶部小幅震荡盘整，而成交量却在稳步地增长。这就标志着空头的力量在主导成交量放大，因而市场中必定会有大量的卖盘，可以认定是出货的标志。

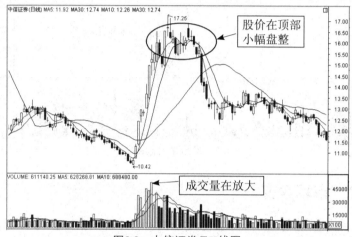

图8.8 中信证券日K线图

图8.9所示为天利高新日K线图。股价在市场的顶部上下浮动，连续3次曾经向上冲击某一高点未能成功，形成了一个三重顶形态。而成交量在此期间逐步增加，其实这种情况正是主力刻意制造的。双方为了更好地争夺，无疑使得股价在市场上下浮动，造成盘整后能够上行的假象。而不明真相的交易者可能会在此时买入，当主力出货完毕后，股价迅速下落。从图中也可以看到，股价在后市下跌了近50%。

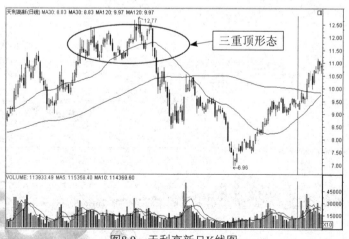

图8.9 天利高新日K线图

8.2.4 操作策略

股价在市场的顶部出现横盘情况时,成交量能否放大,股民应该予以充分注意。在整个盘整或震荡的行情中,应该迅速地逢高出场,不能有任何的幻想而停留在市场中。一般来说,股价在翻了几番之后,就很可能到达顶部,因此出现放量价格不涨的情况应该考虑出场。

如果累积涨幅不大,则可以继续观望。只要没有向下突破30日均线,是可以继续持股的,这有可能是庄家在洗盘。

8.3 放量上影线

股价运行到市场的高位时,还会出现放量冲高回落的形态,然而在K线图中就留下了长长的上影线。这说明股价在向上冲击某一价位时遭到了巨大的阻碍,因此在收盘时没有保住胜利的果实,而大幅回落。

8.3.1 原理分析

当股价冲高未果时,市场就已经充满了风险,因为投资者随时准备获利了结,正在等待走势图中出现一些出场的信号,所以场中只要稍有风吹草动,交易者就会蜂拥而出。

而一些激进的交易者却在此时追高买入,他们总是认为股价上涨迅猛,后市将会有较大的上涨空间。主力也会常常小幅拉升股价来掩护自己出货。在激进交易者和主力双方拉升的影响下,股价就会上冲。但是一些交易者在看到股价大幅拉升后,会选择逢高出场规避风险,因此股价常常会冲高回落,成交量却在稳步地增加。在K线图中会出现长长的上影线,而当收盘时K线可以是阳K线也可以是阴K线。

图8.10所示为实达集团日K线图。箭头指向的位置便是一个具有长长上影线的阴K线,而成交量在此时迅速放大,这是冲高未果的一种表现。

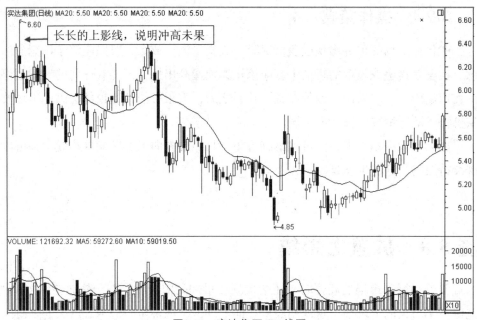

图8.10　实达集团日K线图

图8.11所示为开元投资60分钟K线图。此例中，市场顶部出现了一个放量上影线形态，但是当天是以阳K线收盘。

图8.11　开元投资60分钟K线图

8.3.2 市场含义

这种在市场顶部出现的放量上影线,通常是主力为了拉高出货故意制造的走势。因此它一般标志着上涨行情即将结束,会引发较强的下跌走势。当然股价再放量冲高后,也不一定立刻大幅下跌,也有可能在高位横盘一段时间。因为主力如果筹码过多,出货也需要持续一段时间。但是最终行情将从上涨转入下跌之中。

图8.12所示为中信证券日K线图。在运行到17.25元后留下了长长的上影线,说明遭到了上方的强大压力,但是此后股价并没有迅速下跌而是在高位盘整,主力在此期间分批出货。此后,股价结束上涨行情进入到下跌行情中。

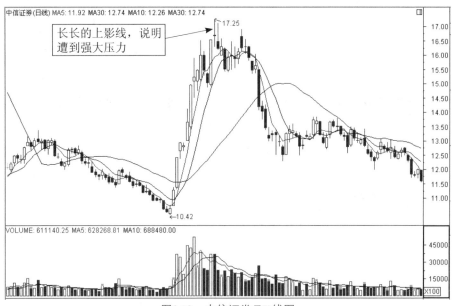

图8.12 中信证券日K线图

8.3.3 实例解析

图8.13所示为彩虹股份日K线图。尽管此图中的冲高回落是以阳K线的形式出现,但是它也具有很好的反转效益。此后股价在高位持续盘整,多个交易日都没能超过最高点21.81元。因此散户不能再抱有任何上涨的幻想,应该尽快在盘整中寻找高点出场。从图中也可以看到,后市股价几乎呈直线下跌的形势,再没有给投资者任何出场的时机。

图8.14所示为长江开发日K线图。从图中可以看到,市场顶部正是一个放量上影线出现。它出现后,股价并没有在顶部盘整,而是出现了快速下跌趋势,因

此见到放量上影线时，股民应该考虑迅速出场。多在市场中停留一刻，就多了一分风险。

图8.13　彩虹股份日K线图

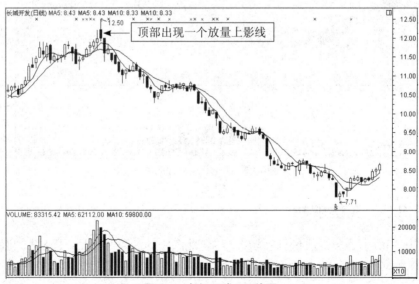

图8.14　长江开发日K线图

8.3.4　操作策略

当股民遇到放量上影线时，应该及时查看股价所处的位置。如果股价处于较高的价位，应该迅速出场。这里所说的高价位一般要有1倍的涨幅以上，因为如果涨幅不大,股价则是由于在上涨过程中的一些短线获利回吐盘的抛压导致的。

图8.15所示为山煤国际周K线图。箭头指向的K线是具有上影线的阴K线,而且成交量也出现了增大迹象。但是股民不能据此做出卖出的决策,因为从图中可以看到,此前的涨幅非常小,根本达不到可以出货的盈利空间。此时的上影线正是一些短线交易者出场造成的,股价在此后依然会强势上扬,股民不仅不要做出卖出的决策,还应该耐心等待继续持股。

图8.15 山煤国际周K线图

8.4 放量十字线

此处说的放量十字线,是指股价在进入高价位趋势时出现的,这与股价在上涨中出现的放量十字线并不完全相同。尽管都是十字线,但是二者的预测含义并不相同,而且正好相反。因此股民可以看到,十字线出现的位置也是十分重要的。

8.4.1 原理分析

随着股价升高,不少股民已经出现了3倍甚至更多的收益。而对于一些比较保守的投资者来说,利润也相当可观,因此会考虑获利出场。主力在此时也会分批地卖出手中的股票,完成自己的坐庄过程。但是,并不是所有的投资者都会这么理性，依然会有一批投资者经不住市场的诱惑，开始追高进入市场。因此，尽管股价已经处于高位，依然有不多的散户进场，此时主力会将手中的部分筹码卖给他们。于是股价会开始下滑，但是当股价运行到开盘价以下时，主力会减少出货数量，因此股价有可能由于多头的积极介入，而再次推高。当股价又被推高到开盘价之上时，主力再次开始出货。此时成交量明显增大，而K线图却形成了十字线的走势。

图8.16所示为山煤国际周K线图。图中箭头指向的位置，就是股价在高位出现的放量十字线，它的出现就标志着股价运行的区域已经相当危险。

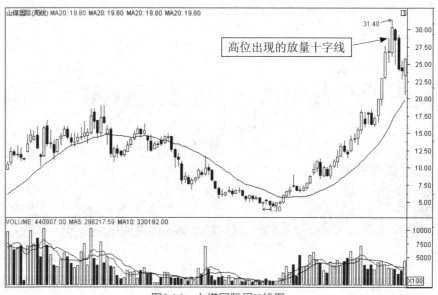

图8.16　山煤国际周K线图

8.4.2　市场含义

不考虑股价所处的位置，则放量十字线仅仅说明多空双方争夺激烈，力量均等难分伯仲，而且双方都在交易，因此才会出现较大的成交量。但是市场顶部出现此种形态，说明卖出的筹码要多于买入的筹码，否则股价不会出现放量而不上涨。因此，庄家出货唯一可以合理解释顶部出现的放量十字线形态，后市必然会出现下跌的迹象。

图8.17所示为实达集团日K线图。箭头指向的是一个具有很长上影线的十字线，上影线位置遭到了极强的打击，而成交量快速增大，表明庄家开始出货，市场的顶部很有可能已经形成。

图8.17 实达集团日K线图

8.4.3 实例解析

图8.18所示为ST百科日K线图。股价在顶部出现了十字线，而成交量也出现了放量的形态。此时股价已经进入盘整区域，均线也开始相互缠绕黏合。此形态的出现就标志着庄家已经开始出货，从上涨行情转入到看跌行情中。

图8.18 ST百科日K线图

图8.19所示为中信证券日K线图。股价在达到17.25元时创出了新高,当天也收成了一个十字线,成交量在此时快速增大。这其实是主力出货故意制造的假象,因为在此之前K线图中已经出现了连续两个交易日的阴线,而此后主力为了快速拉升又向上拉出了一根大阳线,以此来吸引更多的交易者入场接盘。此时的十字线说明主力依然在出货,此后连续出现几个交易日的顶部盘整。当主力完成出货工作后,股价将直线下行。

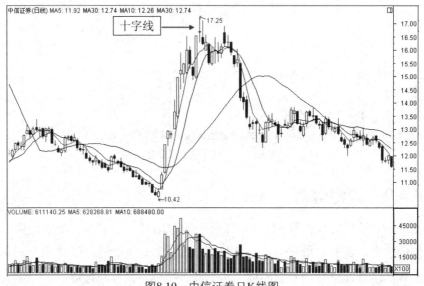

图8.19　中信证券日K线图

8.4.4　操作策略

股价在高位出现放量十字线,股民应该保持充分的警惕性,此时最明智的选择是快速出场。如果还心存侥幸,可以在场中稍作停留。如果后一个交易日股价依然无法上场,那么不能向上突破十字线的最高位,就要考虑快速出场了。

如果股民无法判断涨幅是否过高,价位是否处于高位,庄家是否开始出货,则可以30日均线为标准。如果股价没有突破30日均线就可以视为庄家的洗盘工作,股民应继续停留在场中;否则就是庄家在出货,应该快速出场。

8.5　放量上吊线

上吊线是K线走势图中的一种形态。它可以是阴线也可以是阳线,但是它要求具有长长的下影线,而没有上影线,而且该位置要处于市场的高位。如果此时成交量伴随出现明显的增大,则称为放量上吊线。

8.5.1 原理分析

股价在上涨之后,随着涨幅的扩大,获利盘数量也在不断增加,一部分已经拥有利润的交易者肯定会随着股价的上涨而逐渐离场。但是主力在没有离场之前,股价还会继续上升。当股价运行到高位之后,主力会考虑分批出售手中股票。这样,股价便会从高位开始下落,而一些不明真相的交易者,看到股价下跌就会逢低买入。当接近收盘时,主力会将股价小幅推高,这样可能有一些交易者继续上当,而且还可以为第二天出货提高空间。因此在K线图中就出现了上吊线形态,而成交量伴随着上吊线的出现也会增大。

图8.20所示为梅花集团60分钟K线图。图中箭头指向的K线就是一个典型的放量上吊线。尽管它有一根上影线,但是长度很小几乎可以忽略不计,而且它的下影线很长,实体也非常小,基本上满足上吊线的要求。

图8.20 梅花集团60分钟K线图

8.5.2 市场含义

市场在高位出现的放量上吊线,说明做空的动能在逐步加强。上吊线的下影线就说明空头已经开始将股价大幅向下打压,尽管多头最终开始反击,但这是主力故意拉升造成的。一旦主力出货完毕，则没有强大的多头能量再继续支撑股价，因此必定会被空头的巨大能量大幅打压。

如果投资者还存有侥幸的心理，认定股价还会上涨，则可以等待下一个交易日看看股价是否收成阴线。一旦阴K线出现，则验证了前一个交易日的放量上吊线的正确性，庄家出货的意图就暴露无遗了，股民也就不能停留在市场中了。

8.5.3 实例解析

图8.21所示为华胜天成周K线图。箭头指向位置是市场在高位出现的上吊线，尽管成交量不是巨量，但是与之前低迷的成交量相比依然是明显的增大。下一个交易日，股价快速冲高到32.58元的高价，但是随后不仅没能成功守住，而且还收成了阴K线。自此股价完成了上涨的行情，开始直线下行，主力也在此完成了出货。

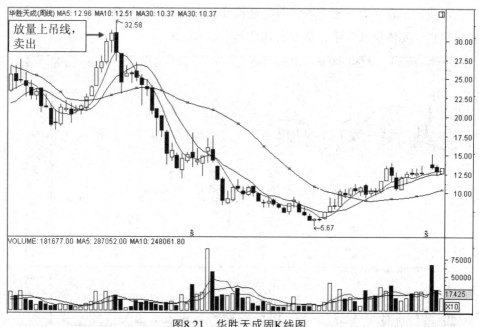

图8.21　华胜天成周K线图

图8.22所示为山煤国际日K线图。图中的放量上吊线是一种特殊情况，开盘价与收盘价相等，但是依然具有相同的预测含义。该行情出现后，后一个交易日继续走高，已经接近了市场的高位，不久后股价便开始冲高回落。

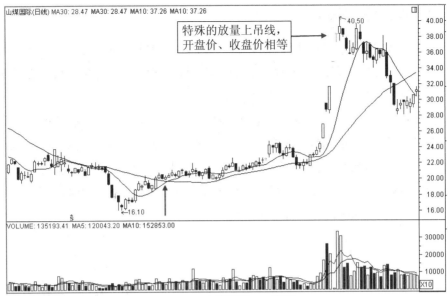

图8.22 山煤国际日K线图

图8.23所示为联创光电周K线图，箭头指向的位置是一个放量上吊线。从图中也可以看到，在此之前庄家已经开始分批出货，因此股价出现了震荡的趋势。此时发生的上吊线标志着庄家依然处于出货的位置，因此不仅不能买入还应该尽快地出场。

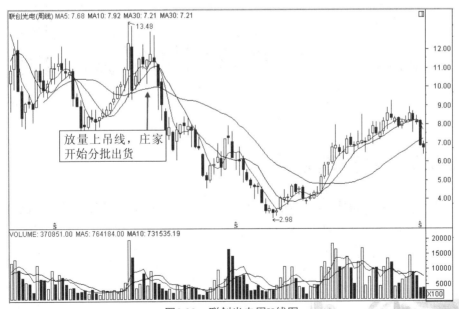

图8.23 联创光电周K线图

第8章 股价将要见顶的量价关系 199

8.5.4 操作策略

在看到高位放量上吊线时,投资者应该予以充分的警惕,避免在高位接庄家的抛盘。尤其是在上吊线出现后的第二个交易日,股价大幅走低,或者高开后没能收住而是高开低走,都是明显的出场信号。

但是对于此种情况,投资者一定要明白一个前提,就是必须是有了很高的涨幅后才可以判断是主力的出货。如果仅仅是有一小段的涨幅,则后市还将继续上涨。

图8.24所示为卧龙地产周K线图。此例中的放量上吊线出现在上涨的中途,因为此时的涨幅还没有达到主力出场的目标位,所以不能判断是顶部的信号。

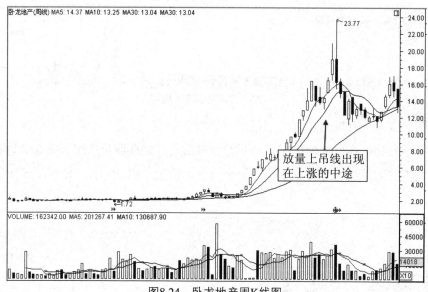

图8.24 卧龙地产周K线图

8.6 放量创新高

放量创新高是指股价在市场的顶部继续向上创出新高,同时成交量也创出本轮上涨行情中的新高。投资者会认定这是一个良好的买入信号,其实并不然,这恰恰是一个顶部的标志。

8.6.1 原理分析

随着上涨的加剧,很多投资者都丧失了理智,将风险意识抛到脑后,开始不顾一切地追涨。而一些理性的投资者，会选择卖出兑现利润。

主力往往会在拉升股价的过程中故意打压股价，进行洗盘工作。于是股价在有了一定的上涨幅度之后会向下回调，而回调结束后再次上涨，一般上涨的高度都会超过前期高度，有时还会超出前期高点15%之上。因此当股价运行到顶部开始放量下跌时，有一些股民还会认为这是一次洗盘，于是开始买入等待股价继续上升。其实这完全是一种错误的行为，这次是真正的最后一个上涨行情。

而股价在高位出现天量时，很多股民并没有意识到风险的来临，认为只是像以往一样是正常的洗盘而已，而且在看到大量的成交量推动股价上涨时，更加放心地进场做多。其实此时的大量成交量恰恰是主力出货的标志，因为如果没有如此规模的大量抛盘，在如此高的点位是无法进行成交的。

图8.25所示为雅戈尔月K线图。股价运行到34.50元时，达到了本轮上涨行情的新高，而成交量也是本轮上涨中的最大量，因此是典型的顶部放量创新高形态。

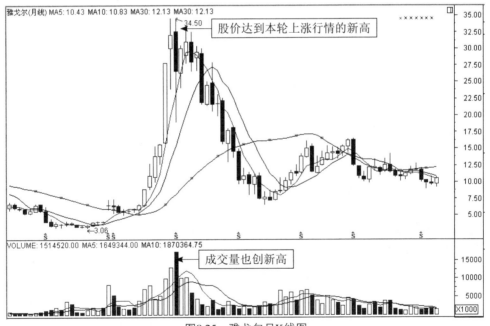

图8.25 雅戈尔月K线图

8.6.2 市场含义

股价在市场底部出现快速上涨，成交量大幅增长，说明市场中已经有大量的抛盘出现，否则成交量无法放大，而大量的抛盘背后必然是主力导致的。但市场中还必须有大量的买入者，而这些买入者自然是上当的股民。这样一进一出，庄家的筹码自然转移到散户手中，股价也达到了顶点，创出了天价。

一般而言，当天量高价出现后，后市将转入下跌行情，因为庄家出货已经完成。但是有时，后市还有上涨的空间，这是庄家没有完全出货，故意拉升股价吸引散户入场接盘。尽管股价上涨，但是一般幅度不大，散户不要参与。

8.6.3　实例解析

图8.26所示为上海机场日K线图。股价在15.29元达到顶峰，成交量也在此时创出新高，自然有大量的卖出者，这也就是主力出货的良好证明，因此明智的交易者是绝对不会在此时选择进场的。

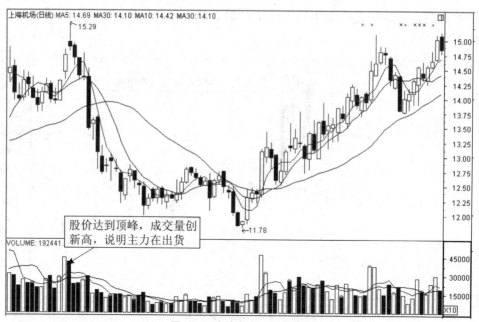

图8.26　上海机场日K线图

图8.27所示为格力地产日K线图。股价以一个向上跳空的形式达到了10.13元，这是这轮上涨行情中的最高点。尽管从表面看做多的动能十分强大，实则不然，这里已经充满了潜在的风险，主力已经开始利用高位纷纷离场，于是接下来等待散户的只有暴跌的行情。

图8.27 格力地产日K线图

8.6.4 操作策略

当市场在高位出现天量创新高的形态之后,交易者应该及时地果断出场,不能再对后市抱有任何幻想。不论当天是收成阴K线还是阳K线,股民最佳的规避风险方法都是出场。

如果股民拿不准股价是否属于高位,不能确定此形态是庄家出货还是洗盘造成的,可以观察30日均线。30日均线是中短期行情的判断工具,一旦股价向下击穿了30日均线,则能够判断出是庄家已经开始出货,散户应该出场。

8.7 放量连阴线

股民在交易过程中,最不愿见到的K线就是阴K线,因为它代表股价在下跌,代表股民的利润遭到分割。但是每个走势中都不可能只有阳线,阴线一定也会出现在每个行情中,如果市场在高位出现了连续的阴K线,而且成交量开始增大,则说明很有可能已经到达市场的底部。

8.7.1 原理分析

随着股价从底部不断地上扬,获利者的利润和数量都在不断增长,因此纷纷选择不断出货。但是主力要想在高位把筹码全部出售，还要做一些迷惑散户的工作，使散户察觉不到主力在出货，甚至要让股民感到股价将会大幅上扬而纷纷进场，这样才能把手中的筹码全部地转移到散户手中。

在股价上扬到一定程度之后，经常会有一段加速的上涨行情，而在加速拉升的过程中，主力会分批地出售一些筹码。当庄家的筹码基本出售完毕时，会让股价大幅高开，以吸引更大的投资者去接盘。在出货的最后阶段，主力会不惜余力地进行抛售，因为此时大部分筹码已经抛出，这样股价会放量大幅下挫，形成多根大阴线。

图8.28所示为格力地产日K线图。股价自10.13元开始下滑，连续4个交易日出现放量下跌的迹象，这就是典型的高位放量连阴线形态，是顶部的常见标志。

图8.28 格力地产日K线图

8.7.2 市场含义

当股价在高位出现放量连续阴K线的走势时，就说明主力出货已接近尾声，而且主力将不再怕散户发现他的初始意图，所以会毫无顾忌地将手中剩余的少量筹码全部出售。市场中主力不再会有推动，股价在未来会暴跌。

图8.29所示为实达集团日K线图。股价连续多个交易日出现放量下跌的迹象，因为此时主力已经完全出场，剩余的散户在场中是无力拉升股价的。

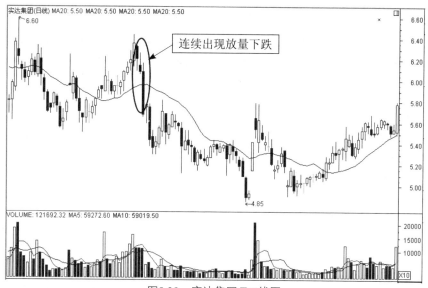

图8.29 实达集团日K线图

8.7.3 实例解析

图8.30所示为贵州茅台周K线图,股价在上冲未果后开始下跌。从K线图中可以看到一连多根阴线出现,而且成交量也出现放量的信号,这说明庄家在快速拉高获得巨大经济利润后,开始毫不犹豫地进行出货。多个阴线的出现代表着庄家的出货量之大,决心之强。

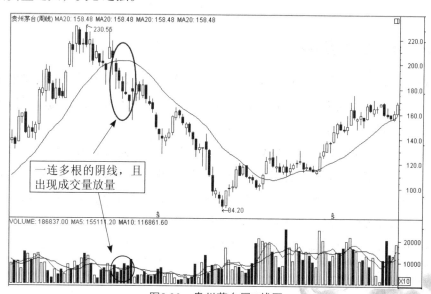

图8.30 贵州茅台周K线图

图8.31所示为浙江富润60分钟K线图。股价在盘整的后期，出现了连续两个交易日的大阴线。尽管数量不多，但是中间是有一个向下跳空的形态，说明庄家出货十分果断，丝毫不拖泥带水，因此后市将延续下跌的趋势，股民应该尽快出场。

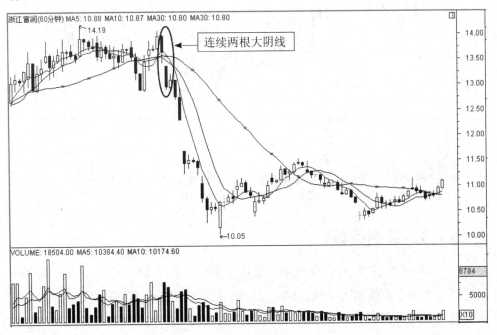

图8.31　浙江富润60分钟K线图

8.7.4　操作策略

在高位遇到放量连续阴线走势时，股民应该毫不犹豫地出场，并且应该在第一根大阴线出现后就果断地卖出，而不要等待整个形态出现后再出场。因为连续的阴K线出现后，必然使股价有了大幅的下挫。

图8.32所示为上海机场日K线图。股价在达到15.29元时创出新高，但是当天冲高未果，留下了长长的上影线，而且当天收在了收盘价以下。这本身就说明空头的力量开始显现，而在后一个交易日最终收成阴K线时就更加验证了顶部成立的推断。因此保守型的交易者就应该在此时出场，如果要等到后面多根连续的放量阴线出现后再出场，则已经损失了利润。

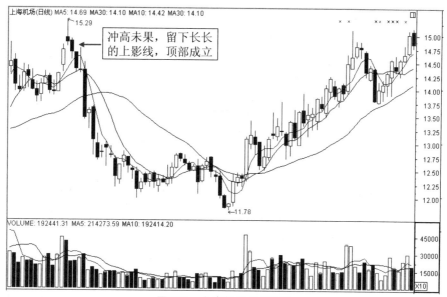

图8.32 上海机场日K线图

8.8 二次放量

所谓二次放量,是股价在运行到顶部的时候,在首次放量下跌后出现了一段反弹行情,尽管反弹幅度比较大,但是一般不会超过前期高点;股价在运行到反弹的末端时,股价将再次放量下跌,但是成交量一般也不会超过前次放量下跌时的成交量。

8.8.1 原理分析

当股价运行到较高的价位时,主力也会考虑卖出手中的股票,因此成交量会明显地放大。但是由于主力的分批卖出,股价便开始下挫,为了避免股价大幅下挫造成市场的恐慌,主力会在结束出货前用少量的资金将股价再次拉高。这次拉高并不是为了获利,而是为了将剩余的筹码全部卖出,因此股价不会超过前期高点,只要可以吸引到一定的场外散户就可以了。此后,股价会从高位开始继续下落,因为主力开始继续出售手中的筹码,但是由于此时的出货量已经没有之前的出货量大,因此成交量也会低于前次下跌时的成交量。

图8.33所示为中信证券日K线图。在股价的顶部,可以很明显地看到有两个

顶部，后一个顶部要稍稍低于前一个，最高价为17.25元，而且成交量也低于前次的成交量，这说明是主力为了创造出货的条件故意向上拉升导致的。

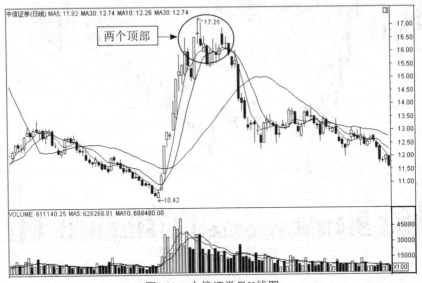

图8.33　中信证券日K线图

8.8.2　市场含义

当股价在市场高位运行时出现二次放量而构筑的顶部，一般都是庄家故意出货导致的。这也就预示着上涨行情已经接近尾声，此时的出货进程已经过半，因为在此前的高点庄家已经开始出货。一旦庄家实现出货目的，股价就会快速地进入下跌行情。

在K线图中，此种走势一般是双重顶形态，也称为二重顶形态。后一个顶部的高度一般低于前一个顶部，而且第二个顶部的成交量一般小于第一个顶部的成交量。这说明庄家已经开始出货，而且接近尾声，股价上冲乏力，散户应该出场。

8.8.3　实例解析

图8.34所示为实达集团日K线图。从走势图中可以看到，股价在市场顶部也出现了两个顶部，只不过此例中两个顶部之间间隔的时间较长。但是形态的可靠性依然存在，后一个顶部的成交量又明显低于前一个顶部的成交量。因为主力筹码众多，分批出货持续的时间较长，所以两个顶部之间间隔了很长的一段时间。但是当股价达到第二个顶部开始下跌之后，便是主力即将完成出货工作的征兆。

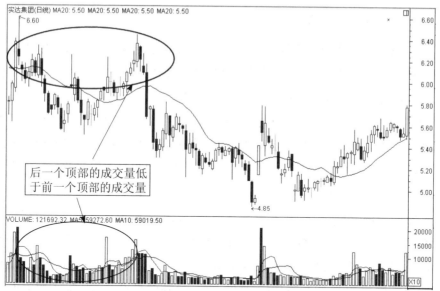

图8.34 实达集团日K线图

图8.35所示为贵州茅台周K线图。股价在达到230.55元创出新高,此后小幅下挫,不久的一次反弹又几乎达到230.55元的高位,但是却被无情地打压下来。其实这正是主力出货造成的,目的是吸引股民跟风买入,使得股民认为股价能够创出新高,超越这个高位,但是主力却在此时悄悄地出售手中的股票获利出场。因此后市留给散户的仅仅是暴跌的行情而已。

图8.35 贵州茅台周K线图

第8章 股价将要见顶的量价关系 209

8.8.4 操作策略

如果股民在首次放量下跌过程中没有识别出主力出货的意图,那么在二次放量下跌的过程中就应该毫不犹豫地坚决出场。因为这是散户最后的一次出场机会,否则等待散户的只能是暴跌的行情。

图8.36所示为浙江富润60分钟K线图。股价在达到14.19元的高位时,主力已经在开始出货。此时是散户出场的第一个良好时机,如果散户没能发现主力的意图依然停留在市场中,那么市场还提供了后面的几个出场时机。此后股价在高位长期盘整,而主力也在利用这个盘整行情分批出货,因为主力拥有的筹码众多,因此必定会维持较长的一段盘整时期,在此较长的时间内都有散户的出场时机。如果散户还没有意识到风险的来临,那么还有最后一次出场的机会,那就是股价在小幅下挫后出现的强劲反弹,此时的成交量低于前次下跌时的成交量,而且股价也没有能够超过14.19元的高位,随后便从反弹的高点开始以向下跳空的形式暴跌,这就是最后一次出场的时机。

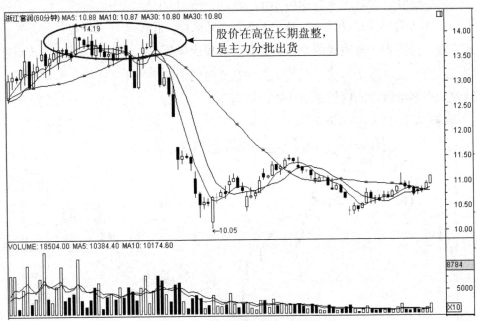

图8.36 浙江富润60分钟K线图

第9章 成交量指标

　　成交量在整个股市交易中占有举足轻重的地位,不仅如此,还有许多技术指标是与成交量相关的,是以成交量为基本数据来进行计算的,因此成交量指标也在整个股市分析中占有一席之地。很多交易者愿意用技术指标来分析走势,成交量指标就是指标中的一大类。

9.1 累积能量线(OBV)

累积能量线又称能量潮,简写为OBV,是美国技术分析大师Joe·Granville创立的。它可以很好地反映股市人气的兴旺,是所有成交量指标中的基础指标,掌握了此种指标则有助于理解其他成交量指标,下面将对其具体分析。

9.1.1 基本原理

累积能量线指标的原理是市场的价格变动与成交量的变动方向相关,股价上升时成交量必须增加,但并不要求成交量的变化与股价的变化呈正比关系。因此,该指标要求量价是要相互配合的,以此来预测股价的波动方向。

在股市中,OBV累积能量线将成交量数值的变化绘制成曲线,并通过该曲线与股价走势曲线来结合分析,可以推断出未来股价与成交量的具体变化。

图9.1所示为合肥百货日K线图。图中上方是K线图,中间是成交量,下方的曲线就是OBV累积能量线。

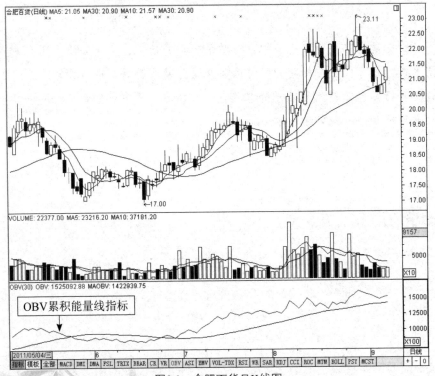

图9.1 合肥百货日K线图

9.1.2 计算公式

OBV的计算公式十分简单。

如果当天的股价是上涨的,则

$$当日的OBV=前一个交易日的OBV+当日的成交量$$

如果当天的股价是下跌的,则

$$当日的OBV=前一个交易日的OBV-当日的成交量$$

仅仅以一个收盘价的涨跌来计算OBV,在一定程度上会存在失真。因此,要采用一个名为多空比率净额的数据来进行修正。

$$多空比率净额MAOBV=[(当日收盘价-当日最低价)-(当日最高价-当日收盘价)]/(当日最高价-当日最低价)\times 当日成交量$$

9.1.3 OBV实战

如果OBV曲线向上穿越了MAOBV曲线,则视为一个买入信号;相反,如果OBV曲线从上向下穿越了MAOBV曲线,则视为一个卖出的信号。

图9.2所示为合肥百货日K线图。图中椭圆区域,OBV曲线向上穿越MAOBV曲线,因此是一个良好的买入点。从走势图中可以看到,此时股价十分接近于市场底部。而且OBV曲线在穿越MAOBV曲线后,曾经向下回调,但是受到了OBV曲线的有力支撑。

图9.3所示为小天鹅A日K线图。从图中可以看到,当OBV曲线向下穿越MAOBV曲线时,股价依然处于盘整的区域,故此时的卖出信号明显具有超前性。

图9.4所示为英特集团日K线图。从图中可以看到,股价在连续创出新低之后,OBV指标却在逐渐攀升。二者的走势并不一致,说明股价的下跌并没有得到成交量的支持。因此很有可能已经到达市场的底部,是股民良好的一个买入点。

图9.5所示为长城开发日K线图。图中椭圆形区域是OBV曲线大大偏离了MAOBV曲线,因此必定会有一个向下的回调过程。从走势图上也可以看到,股价自此开始回落,由于之前的快速上涨,市场中必定会存在回调的行情。

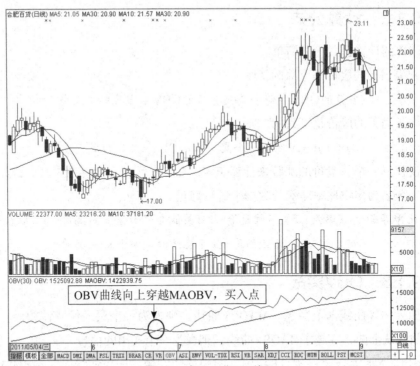

图9.2　合肥百货日K线图

图9.3　小天鹅A日K线图

214　成交量：典型股票分析全程图解

图9.4　英特集团日K线图

图9.5　长城开发日K线图

第9章　成交量指标

9.2 相对强弱指标（RSI）

相对强弱技术指标其实就是买卖力度的对比，因此在短线操作中使用率极高。它是由Welles Wilder首创的，英文简称RSI。

9.2.1 指标原理

RSI指标是通过一定时期内的股票价格的相对涨跌幅度来测算多空双方的实力，并据此来推断后市的趋势，是短线操作中十分常用的一种技术指标。因为股价的波动归根结底是多空双方力量悬殊造成的，而该指标通过及时地捕捉股价上涨和下跌的幅度来客观地评估多空双方的强弱程度，所以对后市的评判较为客观。

股价上涨是市场中需求超过供给导致的，也就是供不应求的局面；股价下跌则是供过于求导致的，因此价格的上涨与下跌的幅度可以很好地表现多空双方的相对强弱程度。如果多头推动能量较强，则上涨幅度也会增大，如果仅仅稍占优势，则上涨的幅度会很小。反之，如果空头的打压能力很强，则股价就会暴跌；如果是空头的优势略大，则即使股价有下跌之势也仅仅是非常细微而已。

9.2.2 计算公式

$RSI = A/(A+B) \times 100\%$

公式中的A表示交易日收盘涨幅均值，B则表示交易日内的收盘跌幅均值。而RSI技术指标一般由三条曲线构成，参数值一般选择6、12、24。

例如，6天的RSI数值。首先要计算A的数值，也就是6个交易日内上涨收盘均值。其方法是将6天内上涨的交易日挑出，然后将每个上涨交易日内的涨幅相加，得到的数值再除以总天数。其次要计算数值B，当计算6个交易日内的收盘跌幅均值时，先将6日内的下跌价格相加，然后再除以总天数，便可得到数值B。

图9.6所示为长城开发日K线图。图中上半部分是均线和日K线图，下半部分就是RSI技术指标。RSI由3条曲线组成，软件中默认的参数是6、12和24。

图9.6 长城开发日K线图

9.2.3 RSI实战

当RSI指标在低位由下向上形成交叉时，就是一个短期的买入点。相反，如果RSI技术指标在高位由上向下形成交叉时，就是一个短期的卖出点了。

图9.7所示为长城开发日K线图。图中椭圆形区域是RSI从下向上形成交叉的一个位置，因此短线交易者迎来了一个买入点。从图中可以看到，此时距离市场的底部不远，也就是说它的滞后性较小，因此该指标才会在市场中广受欢迎。

图9.8所示为深天地A日K线图。股价在下跌后不久，RSI从上向下形成交叉，因此短线交易者根据此信号出场可以保住大部分的盈利。

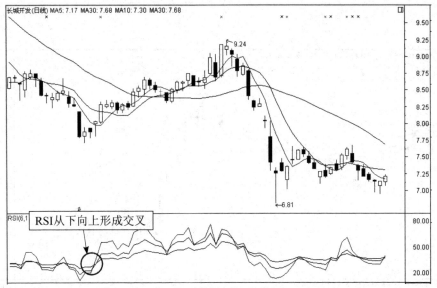

图9.7 长城开发日K线图

图9.8 深天地A日K线图

当RSI走势与股价走势不一致时，是给交易者的一个信号。例如，当股价在逐步走低，而RSI技术指标却在走高之时，就说明底部即将来临。

图9.9所示为国农科技日K线图。从图中可以看到，股价在15.46元开始下行，而且创出了新低，但是此信号没有得到RSI技术指标的支持，RSI技术指标在一路走高，因此这很有可能是一个市场的底部。

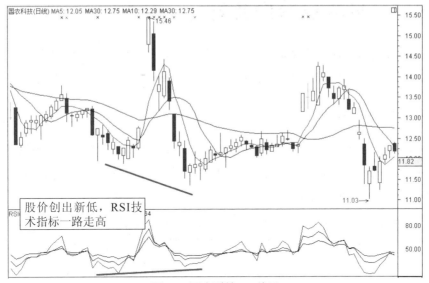

图9.9 国农科技日K线图

相反，如果市场在顶部创出了新高，但是RSI技术指标却在下行，则说明此次创出新高的位置是十分危险的。

图9.10所示为特力A日K线图。股价在达到13.08元时创出新高，而且此时远远高出前期高点，RSI技术指标却在走低，尽管此时两个高点之间经历了数个交易日，但这种背离的形态依然有效。它说明这可能就是一个市场的顶部，短线交易者应该在此时规避风险尽快出场。

图9.10 特力A日K线图

9.3 量能反趋向指标(VRSI)

量能反趋向指标,英文简称VRSI,从简称中可以看出它与相对强弱指标RSI相关,是由RSI演变出的一种指标,可以说它是成交量的相对强弱指数。

9.3.1 指标概述

VRSI是通过成交量的增长与减少的幅度来研判趋势,因此间接地反映市场供求关系及多空双方的能量对比,是量能反趋向指标之一。一般来说,该技术指标也是由3条技术曲线构成的。

以9日的VRSI为例,其计算方法是先计算每日上涨的成交量和下跌的成交量。

如果价格处于上涨之时,当日上涨的成交量就等于当日成交量,而当日的下跌成交量则为0。相反,如果价格趋于下跌之势,则当日上升成交量为0,当日下跌的成交量等于当日的成交量。

如果当天价格持平,也就是说开盘价等于收盘价,在K线图中出现了十字线,那么当日上涨的成交量等于当日成交量的一半,当日下跌的成交量约等于当日成交量的一半。

$$上涨成交值 = 8/9 \times 前日上升成交值 + 1/9 \times 当日上升成交量$$
$$下跌成交值 = 8/9 \times 前日下跌成交值 + 1/9 \times 当日下跌成交量$$
$$VRSI = 100 \times 上涨成交值 \times (上涨成交值 + 下跌成交值)$$

图9.11所示为中兴商业日K线图。图中下半部分的技术指标便是量能反趋向指标VRSI,它由3条曲线构成,分别代表6、12、24周期的VRSI数值。

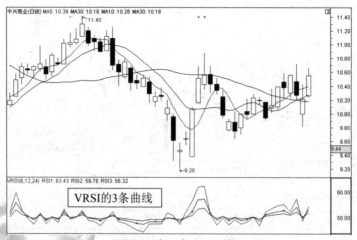

图9.11 中兴商业日K线图

9.3.2 VRSI实战

当VRSI技术指标从下向上形成交叉时,则是一个买入点;相反,如果VRSI技术指标从上向下形成交叉时,则是一个短期的卖出点。

图9.12所示为国农科技日K线图。从图中可以看到,当VRSI从上向下形成交叉时,股价还在顶部处于盘整行情中。根据此信号做出卖出决策的投资者,可以以较高的点位卖出股票,获得大部分的利润,因此可以说VRSI指标有一定的超前性。

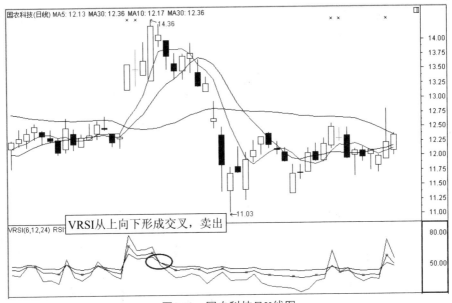

图9.12 国农科技日K线图

图9.13所示为青岛啤酒日K线图。虽然股价已经有了不小的涨幅,但是当VRSI指标从下向上形成交叉时,依然是一个良好的买入点。从图中也可以看到,这个买入信号发出后,股价便产生了强劲的反弹趋势,之后多个交易日均以大阳线收盘。

如果VRSI走向与股价走势不一致,也是一种买卖的信号。当股价创出新高时,VRSI指标却在走低,则是一个比较明确的卖出信号;反之,当股价再创新低时,VRSI指标却在走高,说明这是一个买入的信号,市场很有可能已经到达底部。

图9.14所示为海信电器日K线图。股价在14.26元创出新高,明显高过了前期高点。但是VRSI技术指标的数值却在走低,形成了一个背离现象,因此投资者

完全可以获利出场。

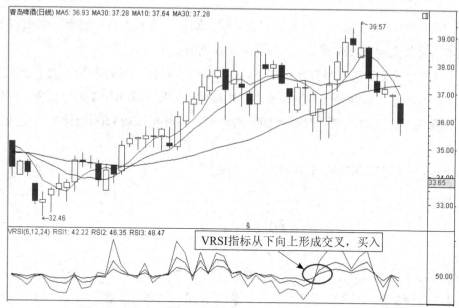

图9.13　青岛啤酒日K线图

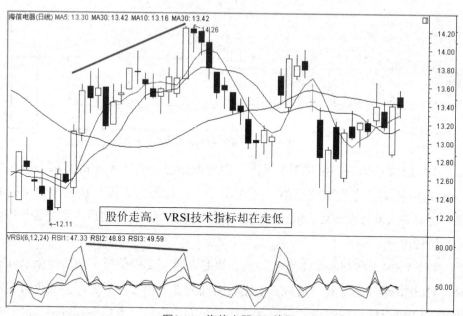

图9.14　海信电器日K线图

图9.15所示为太极集团日K线图，股价在8.32元走出新低，但是VRSI技术指标却在走高，因此很有可能市场的底部已经到来，激进投资者可以进入市场少量买入。

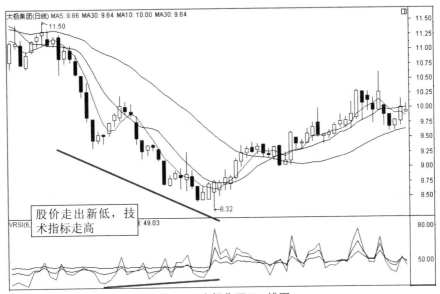

图9.15　太极集团日K线图

9.4　变动速率指标（ROC）

变动速率指标的英文简称为ROC，是反映股价变动速度的一种技术工具，股民通过它可以判断出多头和空头力量的增减情况。

9.4.1　指标原理

ROC指标借用了物理学中加速度原理，如果在股市中多头能量增大，那么股价上涨的速度也会增大。当股价即将到达底部时，多头的推动能力减弱，上涨的速率也会变慢。因此注意观察股价上涨和下跌的速度，是可以很好地判断出多空力量的内在变化。

该指标通过当前周期的收盘价和若干周期之前的收盘价的对比来分析股价在这一时期内收盘价变动的情况，测算涨幅或者跌幅的变化大小，观察多空双方背后力量的增减变化，以期达到分析未来走势的目的。

例如，如果原来上涨的速率为10，而现在上涨的速率为2，那么尽管股价依然处于上涨状态，但是上涨的速率明显减慢，这说明背后的推动作用在减弱，因此此时买入的交易者应该更加小心，股价很有可能将要见底。

9.4.2 计算方法

ROC技术指标计算公式并不复杂,计算公式如下:

$$ROC(n) = Ax/Bx$$

$$Ax = 当日收盘价 - n日前的收盘价$$

$$Bx = n日前的收盘价$$

n代表周期参数,一般可以用参数12。

这样,根据计算出的ROC数值在图中就可以绘出一条曲线。但是由于该曲线的变化有时受到股价波动的影响而出现失真现象,因此一般再将此数值做移动平均,得到另一条曲线。两条曲线就构成了ROC技术指标。

图9.16所示为太极集团日K线图。图中下半部分的技术指标是ROC技术指标,它的默认参数为12、6,其中参数6代表将12周期的ROC值再次移动平均,而所用的移动平均参数为6周期移动平均数值。

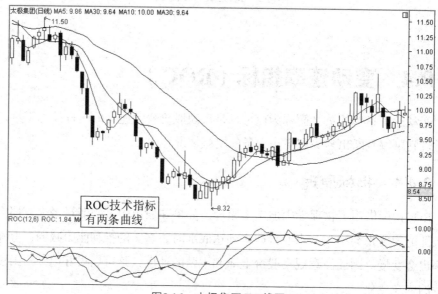

图9.16 太极集团日K线图

9.4.3 ROC实战

该技术指标的使用非常简单。如果两条曲线从下向上形成交叉就是一个良好的买入点;如果从上向下形成交叉,则一般是一个卖出点。

图9.17所示为皖通高速日K线图。股价在高位运行时,ROC技术指标从上向下形成了交叉,此时交易者应及早卖出股票,因此它的提示作用是比较超前的。

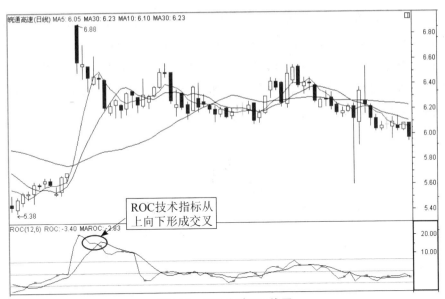

图9.17 皖通高速日K线图

图9.18所示为广电电子的日K线图。股价在市场底部出现了强劲的反弹行情,而ROC技术指标从下向上出现了一个交叉,因此它为短线交易者提供了一个很好的买入时机。

图9.18 广电电子日K线图

除ROC指标曲线交叉可以提供买卖信号以外,ROC技术指标也有底部和顶部的背离现象。如果股价在市场中不断创出新高,但是ROC技术指标却在走低,就形成了一个顶背离，是一个比较准确的卖出信号。相反，如果市场的底部创出了新低，但是ROC指标在上行，就形成了底背离，是一个比较准确地买入信号。

图9.19所示为四川九洲日K线图。股价在12.88元达到顶部，但是此时的上涨信号是充满了风险的。因为根据ROC技术指标来分析，一个顶背离形态出现了，因此股民不仅不能够再追涨买入，反而应该及时地获利出场。

图9.19　四川九洲日K线图

图9.20所示为京山轻机日K线图，从图中也可以看到，市场的底部正是由ROC的一个底背离形态确认的，因此股民在此时迎来了一个买入时机。

图9.20　京山轻机日K线图

9.5 成交量变异率指标（VR）

成交量变异率指标，英文简称VR，它可以看作是成交量的强弱指标。通过该指标可以判断出市场多空双方的买卖力量，属于中线技术指标之一。

9.5.1 指标概述

该指标的理论基础是成交量与股价配合，而且成交量一般先于股价变动，成交量的变动带动股价的上涨与下跌。

该指标一般先于价格指标，当股价运行到低价位时，它的可信度较高。一般在高价位运用VR指标时，要配合其他指标来使用。该指标一般由两条曲线构成，选用的参数一般为6和26。计算公式如下：

$$AV = n\text{日内股价上涨日的成交量之和}$$
$$BV = n\text{日内股价下跌日的成交量之和}$$
$$CV = n\text{日内股价没有变动日的成交量之和}$$
$$VR = (AV + 1/2CV) / (BV + 1/2CV)$$

其中n代表所采用的参数，一般用26。

这样可以根据VR数值绘出一条平滑的曲线，但是由于它会受到股价波动的影响而有失真情况，因此一般有采用6日的移动平均值作为第2条曲线相互研判。

图9.21所示为京山轻机日K线图。股价下半部分便是VR技术指标，它由两条曲线构成。从计算公式中也可以看到，如果VR波动范围较小，则说明股价变化较小，此时的投资者大多在观望。如果VR增加，则说明股价较低，空头的势力已经减弱，有可能已经到达市场的底部。

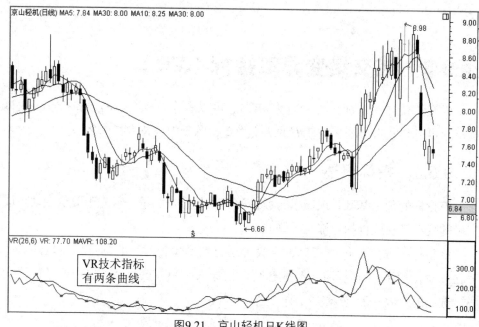

图9.21 京山轻机日K线图

9.5.2 VR实战

VR的使用方法比较简单,一般可以根据它的数值大小来确定买卖时机。从理论上来分析,VR取值范围是0~∞,一般把这个区域分成4个部分,这样可以更好地分析买入卖出的信号。

如果VR在40~70时,一般是低价区域,这个点位是比较好的买入信号;如果VR在80~150,则说明该区域内的股价波动较小,持有者应该继续持股;VR运行到160~350时,则是获利出场的良好时机;如果VR已经运行到350以上,则说明风险极高,应该迅速出场。

图9.22所示为兴蓉投资日K线图。从图中可以看到,股价在17.77元附近达到新低,而此时的VR技术指标也运行到70之下,属于低价位,是可以安全买入的。如果据此能够做出买入决策,则交易者是抢在了反弹的初始位置。

图9.23所示为青岛双星日K线图。VR指标运行到50以下时,已经进入低价区域,此时股价也开始了反弹的行情。尽管股价反弹结束后继续下跌,但是短线交易者据此依然能够做出买入决策,并且获利。

图9.22 兴蓉投资日K线图

图9.23 青岛双星日K线图

图9.24所示为建投能源日K线图。股价在6.71元左右创出新高，而此时的VR数值也进入到了警戒区域，远远超出了350这一上限数值，因此投资者应该在此时伺机卖出股票。

图9.24　建投能源日K线图

图9.25所示为青海明胶日K线图。在上涨的过程中，VR也不断增加，曾经达到了800左右的区域，说明市场交易已经过热，因此投资者应该谨慎，不要追高进场。

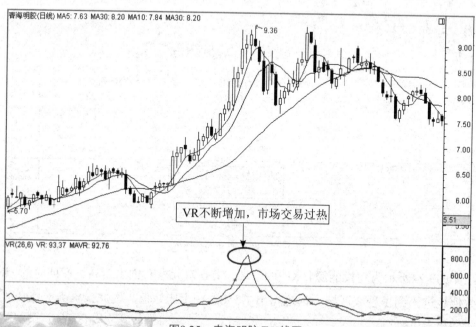

图9.25　青海明胶日K线图

9.6 正量指标（PVI）

正量指标又称正向成交量指标，英文简称PVI，它可以帮助投资者识别目前行情是处于多头行情还是空头行情，因此可以很好地帮助投资者做出圆满的决策。

图9.26所示为青海明胶日K线图。图中指标部分便是PVI技术指标，它由两条曲线构成。

图9.26　青海明胶日K线图

9.6.1 计算公式

PVI技术指标的计算过程比较简单，其计算公式如下：

$$PVI=PV+（CLS-CLSn）/CLSn \times PV$$

在第一次计算时，PV用100来代替，n一般用数值72。

图中的另一条曲线，是用PVI的多日移动平均得到的。从计算公式中可以看出，当成交量增加时，如果价格也上涨，则PVI必为向上的。因此PVI的上升标志着量价配合、量增价增的现象。

9.6.2 PVI实战

当PVI曲线上升时，表示做多的资金已经进入市场，而且这个比例在增加。当PVI技术指标从下向上穿越了移动平均线之时，就是一个良好的买入时机；相反，如果该指标从上向下穿越了移动平均线，则是一个比较准确的卖出时机。

图9.27所示为中国宝安日K线图。当PVI向上穿越了移动平均线时，就说明场外的资金纷纷流入市场，交易者纷纷看好后市，因此是一个较好的买入点。

图9.27　中国宝安日K线图

图9.28所示为首创股份日K线图。PVI技术指标向下穿越了移动平均线，因此股民看淡后市，纷纷卖出股票。一般来说，投资者在根据此信号卖出时，往往有一定的滞后性。

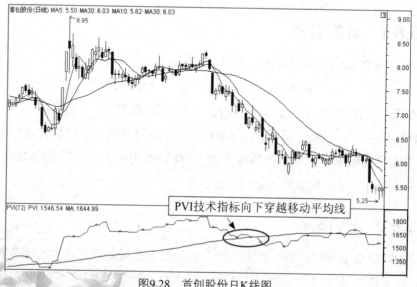

图9.28　首创股份日K线图

9.7 负量指标（NVI）

负量指标简称NVI，它可以判断市场后市的走势强弱，可以反映主力资金的进场或是出场。

图9.29所示为首创股份日K线图，图中技术指标区域是负量指标，它也是由两条曲线构成的。

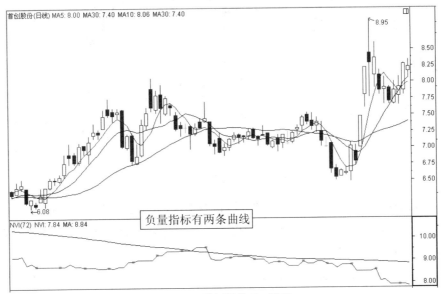

图9.29　首创股份日K线图

9.7.1　计算方法

$$NVI=NV+（CLS-CLSn）+CLSn×NV$$

其中NV用100，NVI表示参数周期，一般设定为72。

另外，一般还会将NVI再取移动平均值，得到另一条移动平均线。根据两条移动平均线共同研判股价的走势。

9.7.2　NVI实战

当NVI从下向上穿越移动平均线时，就是一个较好的卖出信号；如果NVI从上向下穿越移动平均线，就是一个良好的卖出信号。

图9.30所示为首创股份日K线图。当NVI下穿越移动平均线之后，股价也震荡下行，因此是一个良好的卖出时机。

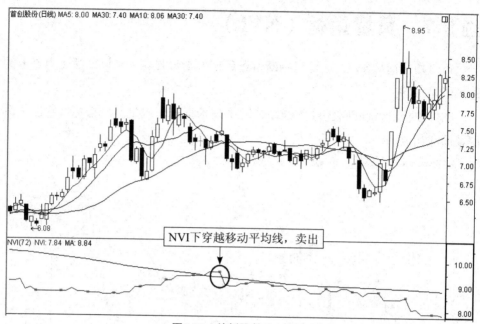

图9.30　首创股份日K线图

图9.31所示为天奇股份日K线图。股价在上涨的中途，NVI技术指标上穿移动平均线，发出了买入的信号。据此做出买入决策的交易者可以获得后半段的强势上涨空间。

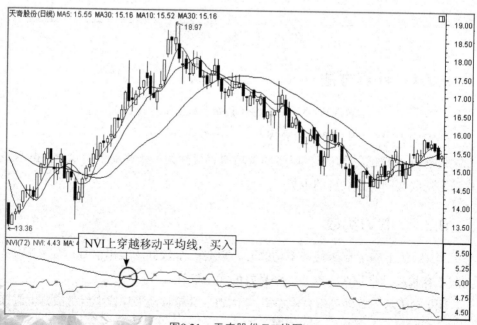

图9.31　天奇股份日K线图

9.8 心理线指标（PSY）

心理线技术指标简称PSY，是投资者在市场中产生的心理情绪的具体表现。它也是由两条曲线构成的。图9.32所示为天奇股份日K线图。图中下半部分的技术指标便是PSY技术指标，也就是心理线指标。

图9.32　天奇股份日K线图

9.8.1　计算公式

$$PSY=(a/n)\times 100\%$$

其中n表示参数周期，a表示参数周期内的上涨结束。PSY的取值范围是0~100之间，而PSY等于50就表示在时间周期内上涨和下跌是相等的，也就是说PSY为50，是多空双方的分界线。

9.8.2　PSY实战

当PSY大于50时，说明股价的上涨天数大于下跌天数，因此已经持股的投资者可以继续持有，等待股票继续上扬。

图9.33所示为威孚高科日K线图。从图中可以看到，股价整体上扬，PSY基本是在50以上运行的，这就说明股价未来将继续上扬。

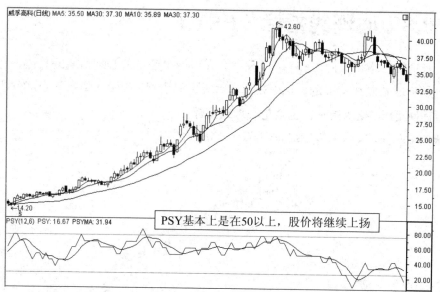

图9.33　威孚高科日K线图

如果PSY数值小于50，则说明股价下跌的天数超过了上涨的天数，因此一般情况下股价是处于下跌的行情中。如果想进场做多，投资者应该等待市场有明确的止跌回升迹象后再买入。

图9.34所示为天奇股份日K线图。股价自18.97元开始小幅下跌，而PSY数值也大部分均位于50以下，股价持续下跌，因此股民不能过早地进场。

图9.34　天奇股份日K线图

PSY数值在40~60之间上下震动时，说明多空双方力量均等，股价处于盘整区域。因此投资者不能过早地进场，应该等待盘整结束后有明确的方向再考虑进场。

图9.35所示为天地科技日K线图。从图中可以看到，股价始终处于盘整区域，而PSY也在40~60之间上下震荡，此时的交易者不能过早地进场。

图9.35　天地科技日K线图

如果PSY的两条曲线在50数值以下从下向上形成交叉，则是比较准确的买入信号；相反，如果PSY数值在50以上并从上向下形成交叉，这就是比较明确的卖出信号。

图9.36所示为威孚高科日K线图。股价从市场的底部刚刚启动之时，PSY技术指标就在50数值从下向上形成交叉，这说明行情依旧处于上冲趋势，买方力量大于卖方。尽管从K线图中看出，K线的实体依然不大，但是技术指标出现的买入信号就可以给投资者一个进场的依据，后市在此后快速上扬。

图9.37所示为天奇股份日K线图。股价在上涨的中后期，PSY技术指标就在80之上的区域开始向下交叉，因此就是投资者获利离场的良好时机。因为该指标提示此时行情内卖方力量已经逐步增加，趋势有向下的迹象。

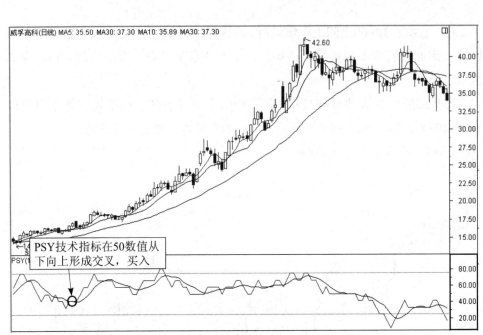

图9.36 威孚高科日K线图

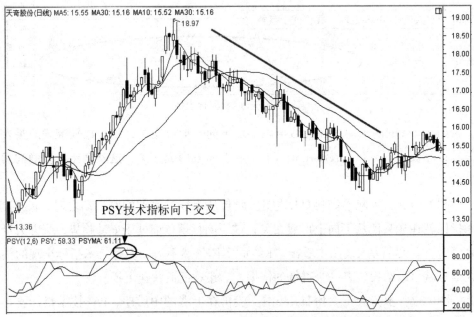

图9.37 天奇股份日K线图

9.9 震动升降指标（ASI）

震动升降指标英文简称ASI，它是通过盘中当开盘价、最高价、最低价、收盘价以及与前一日价格相比，计算出来的一组数据，用于判断后市的走向。

图9.38所示为天地科技日K线图。图中下方的技术指标区便是震动升降技术指标ASI，它也是由两条曲线构成。

图9.38　天地科技日K线图

9.9.1　计算公式

ASI计算过程比较复杂，下面将逐步予以介绍。

$A=$当日最高价-前一日收盘价；

$B=$当日最低价-前一日收盘价；

$C=$当日最高价-前一日最低价；

$D=$前一日收盘价-前一日开盘价

比较A、B、C这3个数值的大小：

- 如果A最大，$R=A+0.5×B+0.25×D$；
- 如果B最大，$R=B+0.5×A+0.25×D$；
- 如果C最大，$R=C+0.25×D$。

$E=$当日收盘价-前一日的收盘价；

$F=$当日收盘价-当日开盘价；

$G=$前一日收盘价-前一日的开盘价；

$X=E+0.5\times F+G$；

$K=A$与B的最大值；

$L=3$

$SI=50\times X/R\times K/L$；

ASI为累计每日的SI数值。

9.9.2 ASI实战

当ASI技术指标中两条曲线从上向下形成交叉就是卖出时机，而从下向上形成交叉就是买入点。

图9.39所示为北矿磁材日K线图。股价在顶部小幅震荡时，ASI就已经开始走低，并且从上向下出现了交叉，据此投资者应该考虑卖出股票。

图9.39 北矿磁材日K线图

图9.40所示为云天化日K线图。股价在市场底部小幅震荡，而ASI技术指标也出现了向上的交叉，因此交易者可以做出买入决策，此时的买入点正好位于股价的最低处。

图9.40 云天化日K线图

第10章 通过成交量分析主力行为

在股市中,主力的行为是一把双刃剑。主力往往资金比较雄厚,主力的假意拉升使散户常常处于巨额的亏损中。如果散户能够正确地窥探到主力的意图,及时地跟庄操作,便可以轻而易举地获得不菲的利润。而成交量就是分析主力动向的有力工具之一。

10.1 由成交量看主力的破绽

主力在市场中进行操作,一般比较隐蔽,不会让散户轻而易举地察觉自己的意图。但是任何事情都不可能天衣无缝,庄家的操作再隐蔽,也会留下一些细小的蛛丝马迹,而成交量就是识别主力破绽的常用工具之一。

一般来说,成交量越大,说明股市中的交易越活跃,多空双方对股价的分歧是较小的。当股价处于上涨时,成交量一般是逐步增大的,场外资金会源源不断地流入场内进行交易。而股价将要坚挺的时候,成交量如果出现萎缩则有可能是主力即将出货的标志。

图10.1所示为贵州茅台周K线图,股价在上涨的末期出现了一个平台整理的过程。此时成交量已开始萎缩,主力实际上开始出货。而后市继续向上小幅上涨,只是主力为了更好地出货故意向上小幅拉升而已,此时散户千万不能再继续跟着进场交易,而忽视了这些小幅的上涨利润。尽快地出场是最好的选择。

图10.1 贵州茅台周K线图

如果股价在市场相对较低的位置没有出现大幅度的上涨,但是成交量却在逐步放大,则这说明主力在积极地吸纳筹码。成交量没有过度地上涨是主力故意为了避免散户跟庄而刻意制造的。只要主力完成吸筹的工作，股价将开始快速上扬。

图10.2所示为卧龙地产周K线图。从图中可以看到，股价在市场的底部盘整了数月之久，K线实体非常小，从外观上看很像一条水平的直线。此时的成交量却在逐步地增大，说明庄家在刻意地压制股价不使其大幅上涨。逐步增大的成交量就说明主力并没有闲着，而是在逐步地吸纳筹码。当股价大幅向上拉升时，就是庄家开始结束建仓工作向上拉升之时。

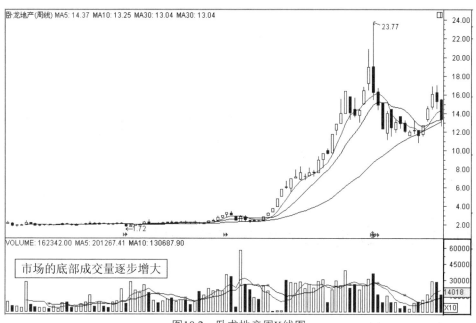

图10.2　卧龙地产周K线图

随着股价的小幅上扬，有时成交量会从正常的水平突然缩小，甚至萎缩至非常低迷的水平。这也是主力故意制造的，此后股价将快速上扬。黑马往往就是这种迹象。

图10.3所示为卧龙地产周K线图。股价在盘整了数月之久之后开始小幅上扬，这也就说明庄家完成了建仓工作。按道理来讲，股价应该一路高涨，成交量也应该随即增大，但事实上，股价在小幅上扬之后，成交量突然缩小至最低的水平，这会使一部分交易者感到恐慌而过早地出售手中股票。其实这就是黑马的标志。此后股价将大幅向上拉升，上涨的速率和幅度均是惊人的。

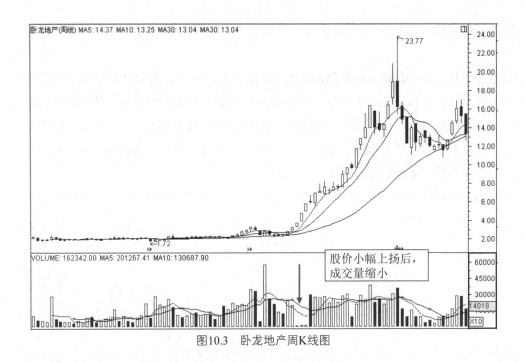

图10.3 卧龙地产周K线图

10.2 由成交量看主力是否建仓

如果股民能够通过成交量及时地发现庄家建仓，则是十分幸运的一件事。因为只要发现有庄家介入的个股，股民就等于获得了利润。只要跟着主力买入，那么未来获利是轻而易举的，也是水到渠成的事情。但是，主力建仓的方式有多种，成交量与股价的配合情况也是多种多样的，下面介绍几种常见的成交量特征。

10.2.1 股价小幅上升，成交量稳步增长

股价在市场底部一般会出现小幅上涨的行情，而成交量在此时也在稳步增大，这就说明该股已经有主力介入，资金在源源不断地吸纳筹码，准备向上拉升，是散户良好的跟风买入时机。

图10.4所示为山煤国际周K线图。股价在4.30元走出新低，此后小幅上扬，而成交量也在逐渐增大。这说明股价已经开始止跌回升，此时由于主力控盘程度不够，因此不可能大幅度向上拉升，而是以小幅推升之势继续吸筹。一旦建仓工作结束，股价便会以直线向上的形式快速拉升。

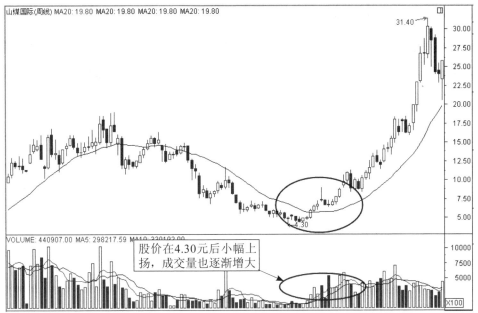

图10.4 山煤国际周K线图

图10.5所示为生意宝周K线图。股价从8.31元开始上行,成交量也出现稳步增大的迹象。但是股价在小幅上扬之后出现了一根阴线,股民此时不要恐慌,这正是主力小幅拉升后制造的洗盘假象,股民应该趁此时以低位加仓买入股票。

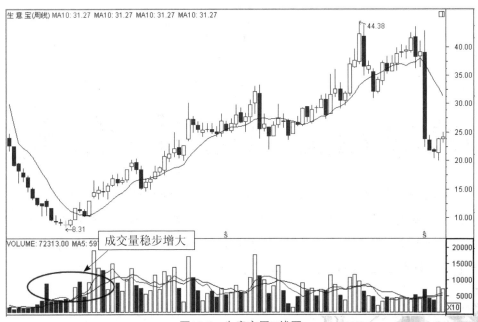

图10.5 生意宝周K线图

10.2.2 下跌末期建仓

有时股价在下跌末期也会出现建仓的盘面特征。这时股价在下跌的末期，成交量不仅没有萎缩，甚至有小幅增长的迹象，而股价在市场底部并未做太多停留便开始快速上行，成交量也开始快速地增长。

图10.6所示为贵州茅台周K线图。从图中可以看到，84.20元是整个下跌行情的最低点。在此之前，尽管股价在下跌，成交量已经出现增长的迹象，已经开始有多头进入市场。而如此规模的成交量必然会是大量的资金介入，这就是主力在积极地吸纳筹码所致。此后股价在达到最低点时没有过多的停留，而是直线上行，因为主力已经在下跌的过程中完成了建仓工作，因此不会让股价在底部停留过多的时间，让更多的投资者进入市场。

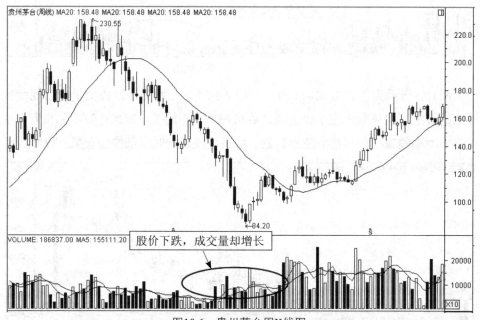

图10.6　贵州茅台周K线图

图10.7所示为中信证券日K线图。股价在走出10.42元的新低之前，成交量已经停止了萎缩，甚至出现了小幅上涨的迹象。这就是说有多头在阻止股价的下跌，开始积极地吸纳筹码，这当然是庄家所为。而当股价运行至最低价时，主力建仓已经基本结束，因此股价快速向上拉升。

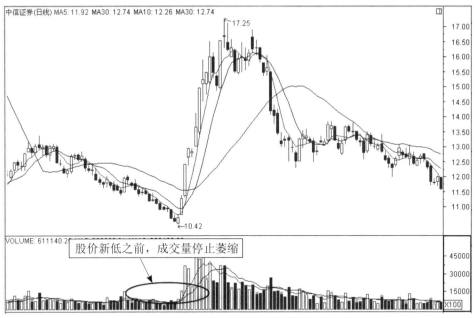

图10.7 中信证券日K线图

10.2.3 股价不变,成交量增大

如果股价始终在一个较窄的区间内上下震动,而成交量却在逐渐地增大,这就是主力的建仓行为。图10.8所示为山煤国际日K线图,股价在上扬之初进入到了一个盘整行情中。在此期间,股价波动范围很小,但是成交量却是稳步地增大,而且成交量市场还出现突然放大的迹象,这就说明主力在此时并没有放任不管,而是积极地吸纳盘中筹码,是二次建仓的一种常见形式。因此后市在主力结束建仓后,必定会继续上扬。股民如果没有在此前买入股票,应该在此时快速地进场。

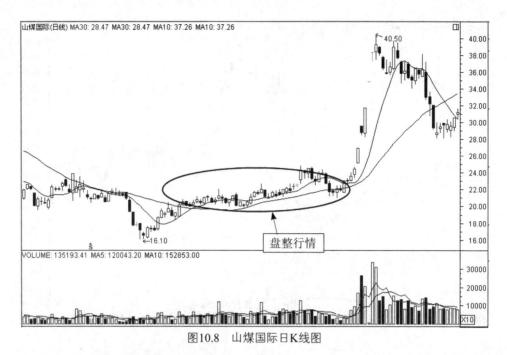

图10.8 山煤国际日K线图

图10.9所示为中国联通周K线图。此例中股价是在市场的底部出现了水平的盘整行情，而成交量也在逐步地增大，这就是庄家在市场的底部建仓的表现。

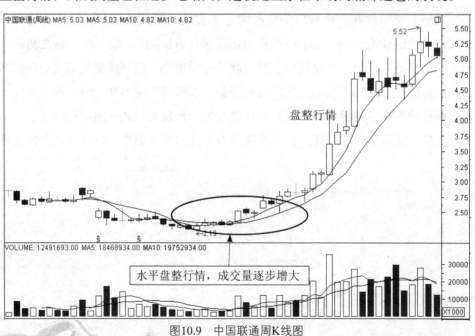

图10.9 中国联通周K线图

10.3 由成交量看主力是否洗盘

庄家在拉升的过程中,必定会出现洗盘的操作,目的是清除一些跟庄者,并且将跟庄者手中的筹码全部吸纳到自己手中。而且一般来说,在整个坐庄的环节中,洗盘的工作并不止出现一次。随着拉升底部不断进行,跟风者的数量也逐渐增多,因此只要主力认为跟风人数过多,便会采取洗盘的方式消除。

散户应该正确地识别出主力的洗盘操作,否则会过早地被主力清除出场,就会丧失一大部分利润空间。

一般情况下,股价在上涨过程中如果出现了回调,而且回调时成交量是萎缩的,就说明这是主力在故意的洗盘。因为如果主力已经开始出货,那么成交量必然会增大。如果成交量没有增大,则说明市场中的散户在抛售手中的股票。

图10.10所示为太原刚玉60分钟K线图。股价在从底部小幅上扬之后,便进入到横盘的过程中。此时成交量也开始萎缩,这种横盘的趋势就是主力洗盘的一种方式。因为主力如果用打压的方式清除散户出场,势必会浪费掉手中一些筹码,因此主力首先会想到利用股价横盘来使股民出场。而成交量在此时因为没有得到主力出货的支持,因此不会大量地增长。横盘结束后,股价将快速拉升,成交量也给出了放量的支持信号。

图10.10 太原刚玉60分钟K线图

图10.11所示为太原刚玉日K线图。在此例中，股价在上涨过程中出现了大幅的下挫，下挫幅度超过了上涨幅度的一半，但是成交量却在下跌的过程中出现了萎缩的迹象，这就说明此时并不是行情发生转向，上涨行情依然会延续，此时的深幅回调仅仅是主力凶狠的洗盘行为造成的。

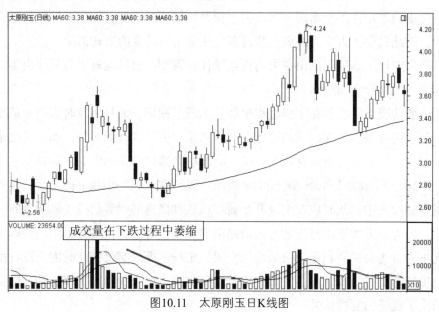

图10.11　太原刚玉日K线图

10.4　由成交量看主力是否拉升

主力在拉升时，量价关系一般来说比较简单。股价会稳步地向上推进，而成交量也会逐渐增加。这说明主力和场外的跟风者在陆续进入市场，向上推升股价。

图10.12所示太原刚玉日K线图。随着股价回调结束，主力开始继续向上拉升，成交量也从低迷的状态开始稳步推进，因此投资者可以在此时追涨买入。

有时在拉升的中途，成交量会出现萎缩，此时并不是行情已经反转，而是股价将要加速上涨的常见标志。

图10.13所示为银江股份60分钟K线图。股价在上涨的中途，成交量突然从放大的迹象转为萎缩，而这仅仅是股价快速上涨的前期征兆而已，因此没有入场的投资者应该在此时快速入场，未来几个交易时段内股价便会快速上扬。

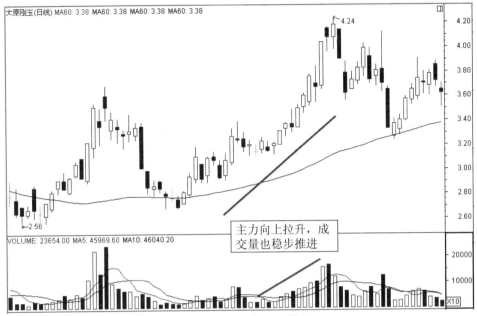

图10.12 太原刚玉日K线图

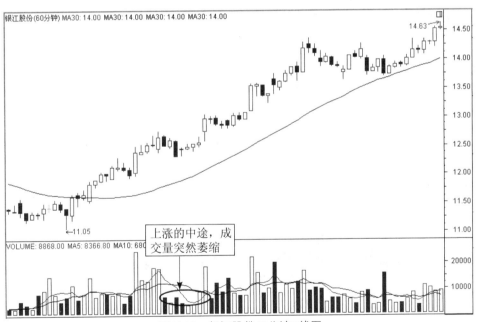

图10.13 银江股份60分钟K线图

10.5 由成交量看主力是否出货

正确观察主力是否出货，是关系到散户能否最终获利的重要因素。散户一定要在主力出货时甚至主力出货之前结束自己的仓位，因此必须通过成交量与股价的分析来判断主力是否还停留在市场中。如果股价运行在高位，成交量迅速增大，而股价却并没有大幅度上扬，则是主力在高位出货制造的巨额成交量，因此股民应该在此时迅速地出场规避风险。

图10.14所示为浙江富润60分钟K线图。股价在上涨初期，成交量持续增长，但是股价却出现了徘徊不前的走势，始终位于14元附近上下震荡，因此这就说明市场中已经有阻力在阻碍股价上行。这种强大的阻力必然是庄家造成的。而且主力大幅度的抛售必然会引起成交量的增长。据此可以认定市场的顶部已经形成，主力的出货工作正在进行。

图10.14 浙江富润60分钟K线图

图10.15所示为中信证券日K线图。股价在市场的顶部停留了多个交易日，而成交量也是稳步地保持在高位运行。这说明，如此规模的成交量必然是由卖出者和买入者造成的，但是在市场高位一般必须要有主力出货才可能有巨大的抛单，因此股民不能认定股市还将上涨。当主力出货完毕后，等待交易者的必将是暴跌

的走势。

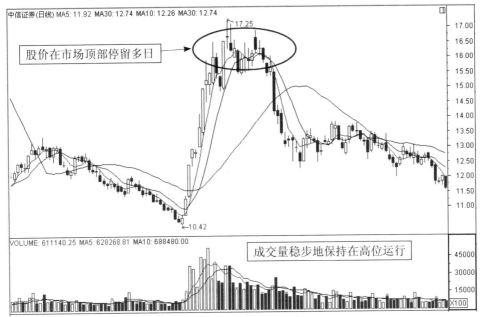

图10.15 中信证券日K线图

第11章 量价8法玩实战

在本章中将介绍8种常见的量价配合关系,股民利用这8种经典的量价关系,可以在实战中纵横驰骋,获得不菲的利润。这8条经典准则,是在股市中逐渐提炼和演变而来的,可靠性很高。

11.1 上涨量增 多头继续

这种量价关系是指股价在上涨的过程中，成交量不断放大。这表明场中的买盘比较充足，股民纷纷看好后市，愿意继续购买股票，因此上涨行情将会得到延续。

图11.1所示为生意宝周K线图，图中先后出现了两次较为明显的上涨趋势，在此期间成交量都出现明显的增大迹象。这就说明这种上涨行情是可靠的，得到了场内和场外投资者的认同。

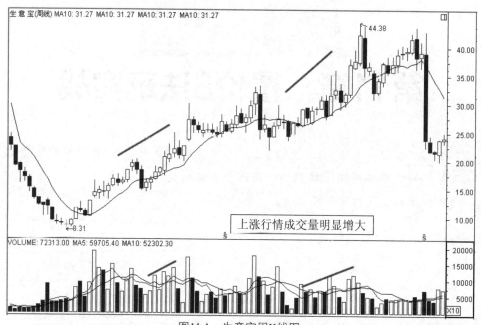

图11.1 生意宝周K线图

图11.2所示为开元投资60分钟K线图。股价呈波浪式向上运行，而且前后两次的上涨斜率是不一样的。但是它们有一个共同之处，就是在上涨时成交量是配合增大的。这就说明，无论上涨速率是大是小，都得到了场外和场内投资者的认可，因此后市必定会继续上扬。

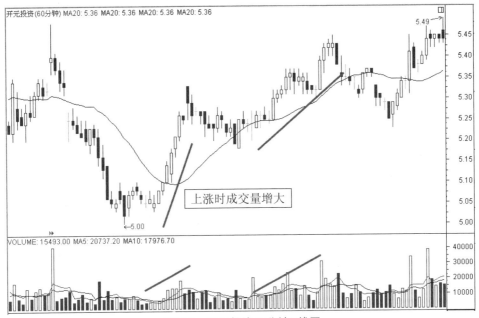

图11.2 开元投资60分钟K线图

11.2 上涨趋势量价背离 反转信号

上涨过程中如果出现量价背离,也就是说股价再创出新高时,成交量却在降低。这就说明场内的买盘已经开始减少,做多的明显不够。这种情况是非常危险的,因为股价如果要想保持上涨的势头,盘中必定没有明显的空头抛盘出现,否则趋势必定得到转向。而这种上涨中的量价背离则往往是趋势反转的前期信号。

图11.3所示为博瑞传播周K线图。股价在32.58元达到顶部,但是成交量却比前期高点要低。因此说明此时的新高并没有得到场外多头的支持,此时的上扬很可能已经接近了市场的顶部。

图11.4所示为山煤国际周K线图。从图中可以看到,股价在市场的顶部而成交量逐渐减小,证实量价出现背离。

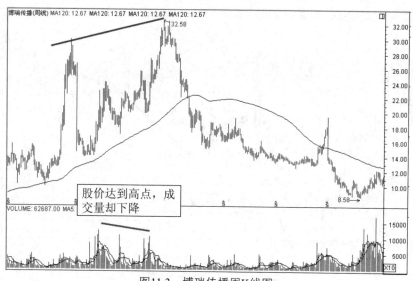

图11.3 博瑞传播周K线图

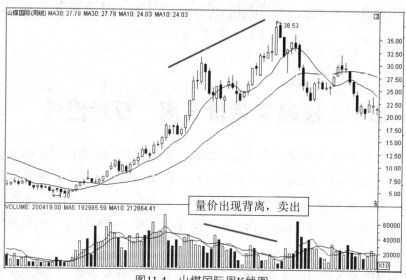

图11.4 山煤国际周K线图

11.3 价涨量缩 反转信号

一般来说，正常情况下股价上扬要受到买方的推动，因此成交量要源源不断地增大。而如果在上涨的过程中，股价在上扬成交量却在萎缩，就说明股价的上涨没有得到多头的支持，因此很有可能是一个反转的信号。

图11.5所示为时代新材60分钟K线图。从图中可以看到，股价在上升的末期，成交量比之前有了明显的萎缩。因此尽管股价创出了新高，但是同样隐藏了很大的风险。如果多头的能量减弱，股价便会从高位迅速下滑。

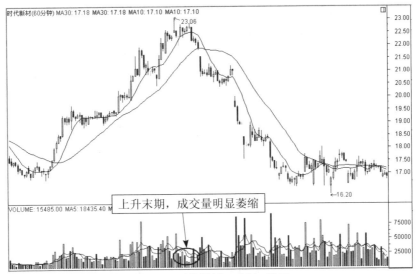

图11.5 时代新材60分钟K线图

图11.6所示为益民集团日K线图。从图中可以看到，股价在上涨的中途，成交量创出了新高。此后股价也在强势上涨，但是成交量却是极度萎缩的。因此后半段的上涨过程充满了风险，保守型的交易者可以选择不参与此时的交易。

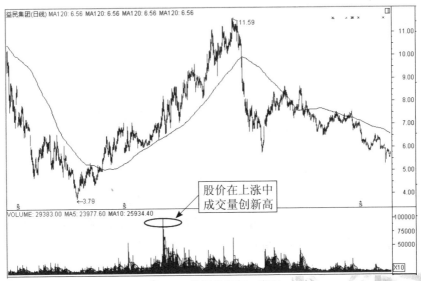

图11.6 益民集团日K线图

11.4 量价同时缓慢增长后又突然放大

如果量价同时缓慢地同步上扬，这是稳定的上涨信号。但是如果量价在此之后突然剧增，出现井喷行情。而后成交量大幅萎缩，股价也开始暴跌，则说明上涨的行情已经到头，趋势开始反转。

放大的成交量是跟风者导致的，这也促进了股价的井喷，但是这种热情不会持续太久，股价在少量的卖盘的促使下出现急速下跌，就预示着买盘明显的增量不足，因此这也就暗示趋势将会发生转向。

图11.7所示为广汇股份日K线图。股价在上涨的末期，成交量先是稳定的增长，股价小幅上扬。但是在上涨的后期，成交量突然从稳步的增大变成巨量，而后股价便快速下跌，这就是典型的一个反转信号。

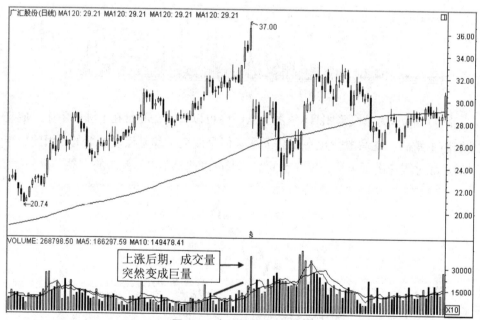

图11.7 广汇股份日K线图

图11.8所示为上海能源周K线图。股价从15.58元开始上行，成交量再逐步增大，开启了股价上升的势头。此后股价突然飙升，而成交量也开始出现巨量，这种井喷行情正是由于过度的散户筹集行为导致的，但是这种热情并不会持续过长的时间，此后股价必然经历暴跌的走势。

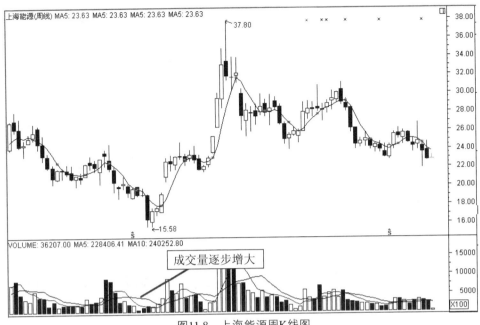

图11.8 上海能源周K线图

11.5 量价同时缓慢增长后量剧增而价格停止上涨

此种情况是指量价首先同步上扬，此后成交量突然快速增大，但价格却没有大幅上涨，说明市场在高位有较大的买单，这是股价进入顶部的常见信号之一。

图11.9所示为雅戈尔月K线图。股价在到达市场的底部的时候，成交量突然逐渐增大，而股价却在顶部并没有上涨，始终在34.50元左右震荡。因此尽管此时有一定的多头推动，但这仅仅是散户进来接盘，强大的卖压就说明主力已经开始出货，因此是市场的一个顶部。

图11.10所示为中信证券日K线图。股价在上涨时，成交量给出了放量予以支持。之后，成交量突然出现萎靡，而股价在达到17.25元左右时开始停止上行，始终在高位处于震荡走势，这就说明主力已经开始考虑出货，抛盘十分沉重，因此很有可能是一个反转的信号。

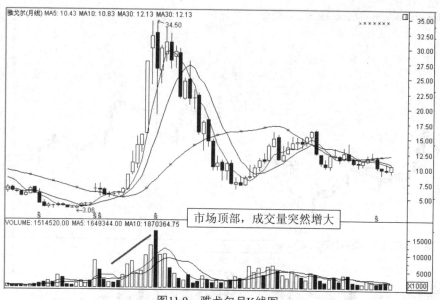

图11.9 雅戈尔月K线图

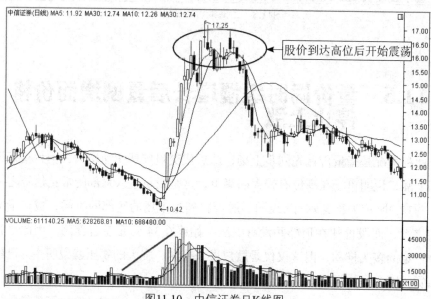

图11.10 中信证券日K线图

11.6 二次探底 成交量萎缩

这种情况是一个有力的买入信号,说明股价在长期下跌之后,股价已经逐步接近谷底，但是成交量没有放大。而股价二次反弹未跌落至先前谷底时，成交量还低于前一次的成交量，则说明此时股价将上涨。

股价之前经历了长时间的暴跌，做空的能量已经逐步随着时间而减弱，市场总不会长久下跌，因此在达到某一低点后，由于市场中有了多头的推动，股价会有一定的反弹。但是反弹中成交量没有增大，多头还没有及时跟进，因此股价会结束反弹二次探底。但是在股价从二次探底开始回升之后，成交量明显减少，就说明场中的抛盘已经较为稀少，这使得成交量不能明显增大。因此一旦有一些利好消息的带动，股票将会转入大幅上扬的行情。

图11.11所示为实达集团60分钟K线图。股价在首次跌到低点之后，成交量没有出现明显的增加，因此向上的反弹不会持久，因为缺少买盘的推动。此后股价再次下跌，直至5.25元，此时与前次低点相距不远。而此时的成交量更是低迷，但这只能说明场中的卖盘已经不再增加，因此上涨的动力只要稍稍增大，就可以快速地向上推升股价，这也就给投资者创造了一个良好的抄底时机。

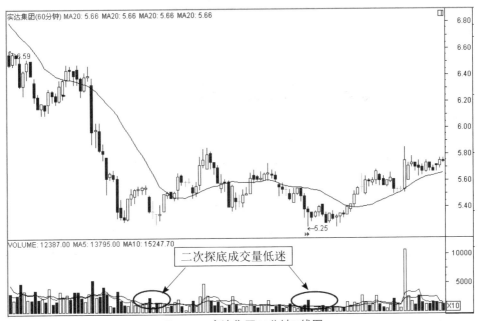

图11.11　实达集团60分钟K线图

图11.12所示为合肥百货日K线图。在17.00元的价位先后出现了两次低谷，而成交量均是明显萎缩的。这就说明股价在经历暴跌之后，成功的抛盘已经基本上全部丧失了。因此只要手上有少量的买盘出现，股价就会从底部快速上升。

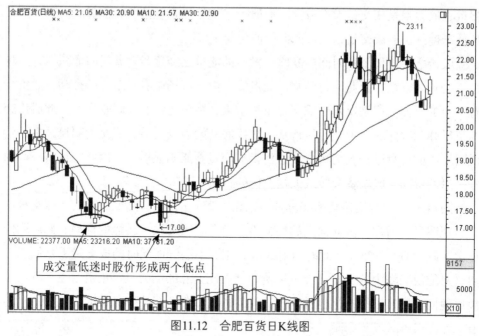

图11.12 合肥百货日K线图

11.7 暴跌后的成交量放大

股价经历了暴跌之后，成交量出现明显的增大，并不是资金已经开始推动股价上涨，而是恐慌性抛盘大量出现，因此股价将继续原有的下跌趋势，股民在此应该继续等待观望。

图11.13所示为海南航空60分钟K线图。股价在整个下跌行情中，成交量先后多次放大，这是因为股价经历了暴跌，场中原来比较坚定的投资者也开始纷纷出场，因此这些抛盘使得成交量快速增长，而正是这些抛盘的出现，也会使得股价继续下行。

图11.14所示为成发科技60分钟K线图。股价在整个下跌行情走势中，成交量都出现了比较明显的增大迹象。这就说明场中抛售盘太多，因此持续的下跌时间也会十分漫长。

图11.13 海南航空60分钟K线图

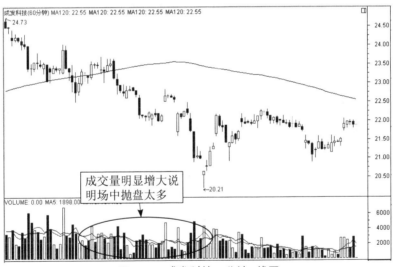

图11.14 成发科技60分钟K线图

11.8 下穿均线 成交量放量

股价在向下穿越均线时，一般就意味着原有的趋势已经被打破。而成交量又给出放量，则说明抛盘的数量相当强大，一般股价在突破后很难再次出现明显的反弹行情，下跌的趋势一般已成定局。

图11.15所示为太极集团日K线图。股价向下穿越60日移动平均线时，就说明至少中期走势已经发生了转变。此时成交量给出了放量的支持，说明此时抛盘已经大量涌现，股价将毫不迟疑地向下运行。

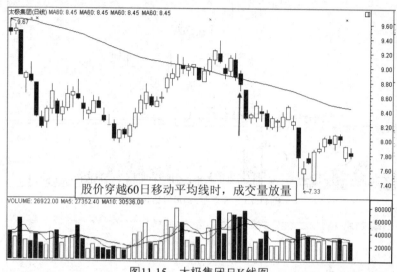

图11.15　太极集团日K线图

图11.16所示为霞客环保日K线图。股价曾经先后两次击穿30日移动平均线，这说明至少短期走势已经转变了。而两次下穿均线，成交量都出现了放量的支持信号，此时大量的抛盘已经出现，因此股民应该尽快出场。

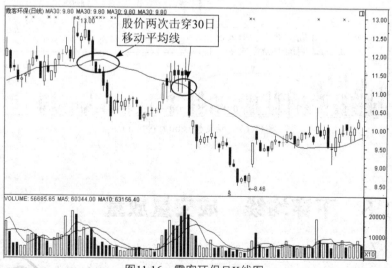

图11.16　霞客环保日K线图